Interbrand

# GLOSSÁRIO DE MARCAS
## INGLÊS - PORTUGUÊS

Editado por Jeff Swystun

**Tradução:**
Joaquim da Fonseca
Designer gráfico
MFA pela Syracuse University
Professor do UniRitter e da ESPM

**Consultoria, supervisão e revisão técnica desta edição:**
Equipe da Interbrand Brasil

Bookman

2008

# Introdução

As idéias mais poderosas são simples e o mesmo vale para as marcas. Pergunte às pessoas que você conhece, que não sejam do ramo, e vai perceber que elas são capazes de articular a idéia que está por trás de uma grande marca de forma objetiva e com poucas palavras. O bom uso de marcas é, portanto, "mais fácil de dizer do que praticar".

A criação de diferenciações simples porém firmes nas mentes de seus consumidores, do seu pessoal, até mesmo dos seus acionistas, requer uma visão clara e convincente que esteja expressa em tudo o que você faz: do produto ao serviço, nos ambientes em que atua, no pessoal que você contrata e na maneira como fala sobre si mesmo. Manter tal simplicidade no meio de uma complexidade de sistemas, processos e políticas que caracterizam a empresa moderna é uma tarefa difícil que requer enfoque preciso, paixão e convicção. Portanto, não é de se admirar que, à medida que a concorrência aumenta, as marcas continuem desempenhando um papel sempre crescente na estratégia dos negócios.

Todos sabem que atualmente a gestão de marcas é fundamental para o sucesso nos negócios e isso provavelmente explica por que a lista que publicamos das *Best Global Brands* (as *Melhores Marcas Globais*) esteja no topo mundial das publicações de negócios como uma das três primeiras. Na Interbrand, sempre enfatizamos a necessidade do equilíbrio entre o lógico e o criativo. As marcas, afinal de contas, vivem em nossos corações e mentes.

No entanto, as marcas sempre têm sido geradoras de valor para as empresas e essa é a nossa verdadeira obsessão: usar a criatividade e o pensamento estratégico para criar valor. Na verdade, cada vez mais estamos voltados para a necessidade de uma compreensão mais profunda da forma como as marcas geram valor e como isso pode ser usado para induzir decisões melhores.

Inicialmente, achamos estranho criar um glossário – que por sua natureza torna a complexidade fácil de ser entendida – sobre uma área que pede simplicidade. No entanto, a linguagem da gestão de marcas simplesmente reflete a profundidade da matéria e, como todos sabemos, a linguagem da marca é variada, mal compreendida e muitas vezes não é usada corretamente. Este livro tornou-se para nós uma obrigação, na verdade um ato de amor!

Com este glossário, a Interbrand tem como objetivo desmistificar, educar, informar e divertir. Esperamos proporcionar uma linguagem comum que permita a nós, os profissionais das marcas, proprietários e outros grupos interessados, focalizar nossa discussão e energia no aprimoramento de novos usos e compreensão das marcas como uma força para os negócios.

Uma idéia realmente simples.

**Jez Frampton**
Chefe de Grupo Executivo
Interbrand

# IDÉIA

Por trás de toda grande marca está uma grande idéia

# Agradecimentos

Se você está planejando editar um glossário (e acreditamos que alguns de vocês estejam), existem três lições que vale a pena compartilhar. A primeira é estimar em mais do dobro o tempo que originalmente pensaria ser o necessário para completar uma tarefa como essa. Costumo comparar o processo com aquele de cortar a cabeça da Hidra de Lerna, o monstro mitológico – complete uma parte e ela produz mais duas.

A segunda lição é garantir que esse não seja o único projeto ao qual você está se dedicando. As distrações que ocorrerem vão ajudar a manter em ordem sua sanidade mental e na verdade vão oferecer um contexto mais amplo. No decorrer do processo, tive que reconsiderar muitas coisas dadas como certas: por exemplo, como processamos comunicações e informação, de que maneira compramos as marcas e como a subjetividade e a objetividade competem nas decisões que tomamos. Isso ajudou a dar forma ao conteúdo.

A terceira e mais importante lição é recorrermos aos especialistas nos principais assuntos tratados. Felizmente, tive acesso a mais de 1.100 colegas, representando diferentes disciplinas no uso de marcas, em todas as regiões do mundo. O poder dessas cabeças é verdadeiramente impressionante e reconheço que várias contribuições individuais foram extraordinárias.

Jason Baer (Nova York) não só deu sua opinião especializada sobre nomes e conceitos verbais no que diz respeito à identidade corporativa, mas também contribuiu com seu entusiasmo contagiante sobre o uso de marcas. Walter Brecht (Colônia) colocou-se no lugar de seus clientes para desafiar continuamente o conteúdo. Jean-Baptiste Danet (Paris) proporcionou tranqüila orientação e apoio durante todo o processo. Rita Clifton (Londres), uma reconhecida especialista no uso global das marcas, ofereceu valiosa e constante avaliação. Julie Cottineau (Nova York), inovadora de *Brand Tango*, deu uma mão em várias áreas. Mathew Cross (San Francisco) assegurou a cobertura de todos os termos que considerou importantes para seus clientes e alunos.

Alfred Fraile (Madri) proporcionou uma distinta e valiosa perspectiva européia. Jan Lindemann (Londres), um líder na avaliação e mensuração de marcas, garantiu que mantivéssemos as idéias claras e fáceis de entender. Jessica Lyons (Melbourne) ofereceu dicas da Austrália. Q. Malandrino (Nova York) compartilhou os seus conhecimentos de especialista no aspecto cultural das marcas. Jerome McDonnell (Nova York) focalizou a proteção das marcas. Andy Milligan (Londres), autor de vários livros sobre marcas, identificou as tendências atuais. Lorena Noriega (Buenos Aires), que tem grande paixão pela consultoria de marcas, encarregou-se de uma volumosa pesquisa.

Larry Oakner (Nova York) articulou as diferenças entre as comunicações internas e a cultura de marcas. Terry Oliver (Tóquio) assegurou que o livro levasse em conta as rápidas mudanças em andamento na Ásia. Sam Osborn (Melbourne) deu enorme apoio no conteúdo, nos comentários e na editoração. Sarng Park (Seul) representou a visão da sensibilidade para as marcas existente na Coréia do Sul. Re Perez (Nova York) deu orientação na área cultural das marcas. Román Pérez-Miranda (Nova York) dedicou-se à perspectiva ibérica e latino-americana, regiões onde a sofisticação das marcas está crescendo de forma extraordinária.

Robin Rush (Nova York), o primeiro editor do principal *website* sobre marcas, brandchannel.com, contribuiu para as áreas de gestão de marcas *on-line* e o uso de automação nas marcas. Gary Singer (Nova York) deu grande apoio e contribuição para termos-chave. Bev Tudhope (Toronto) ajudou no *nexus* da gestão de marcas no que diz respeito às comunicações de investidores. Thomas Zara (Nova York) empenhou-se nos termos com vigor e inteligência.

A decodificação da misteriosa voz da consultoria

A gestão de marcas é um gigantesco componente criativo e visual que se reflete no tema e no design deste glossário. Chris Campbell liderou a direção criativa do livro com o apoio de Gary Ludwig. Lynne Northwood desenvolveu o conceito original. John Spicer assegurou que os esforços feitos em conteúdo e *design* fossem suavemente entrelaçados. Ronan Tiongson e Michèle Champagne desenharam a maioria das ilustrações e o *layout* geral que ajudaram a dar vida aos termos.

Stephen Rutt, da Palgrave-Macmillan, merece agradecimento pelo grande apoio e pela paciência ainda maior. Nossos agradecimentos a Steven Schwartz, um veterano há 30 anos na comunicação escrita na área dos negócios, que trabalhou nos verbetes e garantiu qualidade e consistência. Um agradecimento muito especial a Lisa Marsala, que trabalhou incansavelmente neste livro, desde o conceito inicial e ao longo do desenvolvimento dos termos, do design, do *marketing* e da promoção.

O que se encontra aqui é o grande começo de um trabalho em andamento. Um dicionário pode ser definitivo, enquanto que um glossário, mesmo respeitado, capta apenas um ponto no tempo de evolução de uma determinada prática. Esperamos que este glossário mantenha-se em atualização constante para acompanhar o desenvolvimento da gestão de marcas. Também esperamos e acolheremos com prazer qualquer acréscimo a ele, na esperança de estabelecer um repertório de significados do qual todos possamos sair beneficiados. Envie seus comentários através do www.interbrand.com e visite o www.brandchannel.com para dar sua contribuição ao debate das marcas.

Desde o início, a intenção do glossário é ser um companheiro valioso em vez de um livro de referência que fique esquecido, empoeirado numa prateleira. Ele contém termos, ilustrações grandes e pequenas, fatos e lembretes relevantes, tudo que possa ajudar a comunicação das práticas da gestão de marcas. Saberei que fomos bem-sucedidos quando encontrar o seu exemplar com as orelhas torcidas, cheio de *post-its*, páginas marcadas, rabiscos e idéias anotadas sobre a próxima grande marca que você está criando.

**Jeffrey Swystun**
Diretor Global
Interbrand

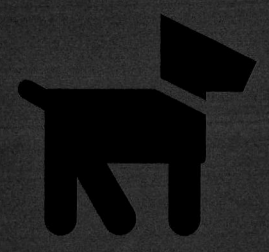

Um valioso companheiro de marcas

"Uma marca é uma entidade viva – e é enriquecida ou arruinada ao longo do tempo, produto de mil pequenos gestos."

Michael Eisner

Aa

### Above-the-line Communications
### Comunicação Acima da Linha

Comunicações de *marketing* que envolvem a compra de mídias tradicionais como televisão, rádio, mídia impressa e *outdoor*; mídias nas quais os resultados podem ser mensurados. À medida que as opções de *marketing* e comunicações se expandem e estão mudando da base em comissões para terem base em *fees* (honorários fixados), este termo torna-se cada vez mais desatualizado e reflete agora muito mais a forma como as agências de propaganda tradicionais formulam seus custos baseados em comissões em vez de no impacto causado pela mídia nos consumidores. A Comunicação Acima da Linha também é conhecida como técnica ATL de propaganda.

### Account Executive  Executivo de Conta

Nas agências de propaganda, este termo refere-se à pessoa que está no contato diário entre a agência e o cliente. Com o passar dos anos, a função de executivo de conta evoluiu para exercer uma influência estratégica na gestão das relações da agência. Novos títulos, como planejador de contas e gerente de relações, são usados de forma intercambiável com a de executivo de contas. Termos similares são usados nas consultorias de gestão de marcas e design. Na realidade, essa pessoa da agência ou da organização consultora deve assumir a responsabilidade pela satisfação do cliente. Embora usado nas agências norte-americanas que aqui operam, esse termo não é adotado no Brasil, onde as denominações mais usuais são contato, contato de atendimento, representante, supervisor de conta, administrador de conta ou gerente de conta.

### Ad Hoc Research  Pesquisa Ad Hoc

Um tipo de pesquisa externa desenvolvida num tempo específico para um cliente específico. A pesquisa *ad hoc* difere dos estudos em termos mais longos, que se estendem por mais tempo, tais como a monitoração de vendas, de lucratividade, de níveis de satisfação e percepção.

### Adapted Marketing Mix
### Mix de Marketing Adaptado

Uma combinação de ofertas de produtos cujo *marketing* é feito primeiro em uma área geográfica que depois é alterada para atender condições locais em mercados adicionais. Assim como em um *mix* de *marketing* regular, o *mix* de *marketing* adaptado compreende os Quatro Ps de produto, preço, promoção e praça. Também conhecido como distribuição, isto é, ter o produto disponível para compra no mercado-alvo.

### Added Value  Valor Agregado

O benefício tangível ou intangível proporcionado por um produto ou serviço que geralmente determina um preço mais alto e gera a fidelidade do consumidor e/ou a preferência global. Como freqüentemente os componentes tangíveis do valor agregado são rapidamente imitados, as companhias e marcas esforçam-se em desenvolver componentes intangíveis que possam ter propriedade única e sejam mais difíceis de copiar.

### Addictive Consumption
### Vício de Consumo

Trata-se de uma dependência física e/ou psicológica em produtos ou serviços específicos. Os consumidores são conhecidos por se entregarem a todo o tipo possível de produtos, porém o vício de consumo refere-se com mais freqüência a drogas, álcool, jogo e tabaco. É preciso acentuar que, no entanto, a vasta maioria do consumismo não é pelo vício, mas pelo hábito, baseando-se na escolha individual.

### Adoption  Adoção

Este termo representa a decisão de um consumidor em comprar um produto ou usar um serviço de forma regular. O consumidor pesa a informação disponível e faz sua escolha de forma ponderada, o que implica na repetição do uso que pode resultar em fidelidade de marca ou de serviço.

### Advertising  Propaganda

A propaganda é a comunicação que ocorre entre uma empresa e seu público-alvo usando qualquer das mídias de massa pagas. O processo usualmente emprega o serviço de vários tipos de agências, como consultorias de gestão de marcas e design, agências de propaganda com serviços completos, firmas de pesquisa de mercado ou grupos compradores de mídia. A propaganda é empregada para informar mercados-alvo sobre a disponibilidade e a conveniência de bens e serviços; é usada para lembrar os consumidores que as marcas existentes continuam disponíveis; e é projetada para criar consciência e estimular a fidelidade. A propaganda é usada também para assegurar os consumidores que sua escolha de compra é a correta, o que é conhecido como racionalização pós-venda.

A prática de propaganda tem sido identificada como informativa, persuasiva ou manipulativa e tem levado a um debate sobre sua efetividade e eficiência. Esse debate criou uma notável mudança de campanhas de propaganda na mídia de massa para crescentes atividades direcionadas que podem reivindicar resultados mais confiáveis enquanto são menos invasivas na vida diária dos consumidores. O debate também tem levado a uma tendência ao *marketing* integrado, refletindo o amplo *mix* de canais de comunicação atualmente disponíveis.

Os termos Propaganda, Publicidade e Advertising são usados na prática como sinônimos, porém, não significam necessariamente a mesma coisa; essa confusão ocorre em todo o mundo. Ver Publicity.

### Advertising Wear Out
### Saturação de Mídia

O ponto em que os consumidores se tornam indiferentes a uma mensagem de propaganda, cansados por exposições demasiadamente longas; é quando as repetidas exposições não causam mais qualquer efeito. Também chamado de *consumer wear out*, isso pode muitas vezes resultar em uma reação furiosa de rejeição à oferta, que é completamente oposta à intenção original.

### Affinity Marketing
### Marketing de Afinidade

Uma forma de desenvolvimento de fidelidade ou gestão de relacionamento com o consumidor planejada para consolidar a ligação entre os consumidores e a marca. Está centrada em uma troca de informações que permita aos consumidores aprender sobre as marcas, enquanto as empresas ganham a compreensão dos consumidores. Diferente da fidelidade no *marketing*, os esforços pela afinidade não representam uma troca econômica, ainda que terceiros possam se beneficiar disso, como acontece quando pequenos prêmios são conferidos aos consumidores baseados em pontos nos cartões de crédito. O *marketing* de afinidade pode também ter a forma de *helplines* (ajuda por telefone), participação em clubes, boletins informativos, *chat rooms* e assim por diante.

### Agency of Record
### Agência de Registros

Designação dada à agência primária de comunicações responsável por algum ou todo o planejamento de mídia, compra de espaço ou tarefas criativas de uma empresa ou marca. Significa um relacionamento que se processa e implica em responsabilidades "de agência", isto é, a competência da agência para representar o cliente entre os provedores e vendedores de serviços de mídia.

### AIDA Model  Modelo AIDA

É um modelo de "hierarquia de efeitos" que significa atenção, interesse, desejo e ação, os quatro estágios sucessivos que o consumidor passa numa decisão de compra. O modelo refere-se a esse formato que funciona para indicar as atitudes e o comportamento do consumidor.

### Aided Recall/Brand Awareness
### Lembrança Induzida/Consciência de Marca

Linha de questionamento usada em pesquisa de mercado que estimula as respostas sobre comunicação, marcas ou serviços específicos. Também chamada de reconhecimento de marca, é projetada para determinar qualquer ou todas as lembranças associativas e a consciência, e difere de *unaided recall* (lembrança não-induzida) durante a qual a audiência é questionada sem quaisquer estímulos específicos. Ver Brand Awareness e Recall.

### AIOs (Activities, Interests, and Opinions)
### AIOs (Atividades, Interesses e Opiniões)

Variáveis usadas na pesquisa psicográfica do consumidor para organizar os indivíduos em segmentos específicos. As variáveis usadas para a segmentação são atividades, interesses e opiniões e essa pesquisa é projetada para compreender o comportamento do consumidor, em vez de verificar apenas informações demográficas. Ver Psychographic Segmentation.

## Alignement  Alinhamento

O alinhamento ocorre quando os empregados compreendem e manifestam o que sentem sobre a marca de uma empresa e seus valores através de seu comportamento e ações. É um aspecto crítico da gestão de marcas, assegurando que a experiência de marca combina e está alinhada com os compromissos assumidos por meio da comunicação externa. Os empregados são reconhecidos e recompensados, tendo como base sua aderência aos objetivos de marca, de forma que fique expressa a consistência, um aspecto-chave da gestão de marcas.

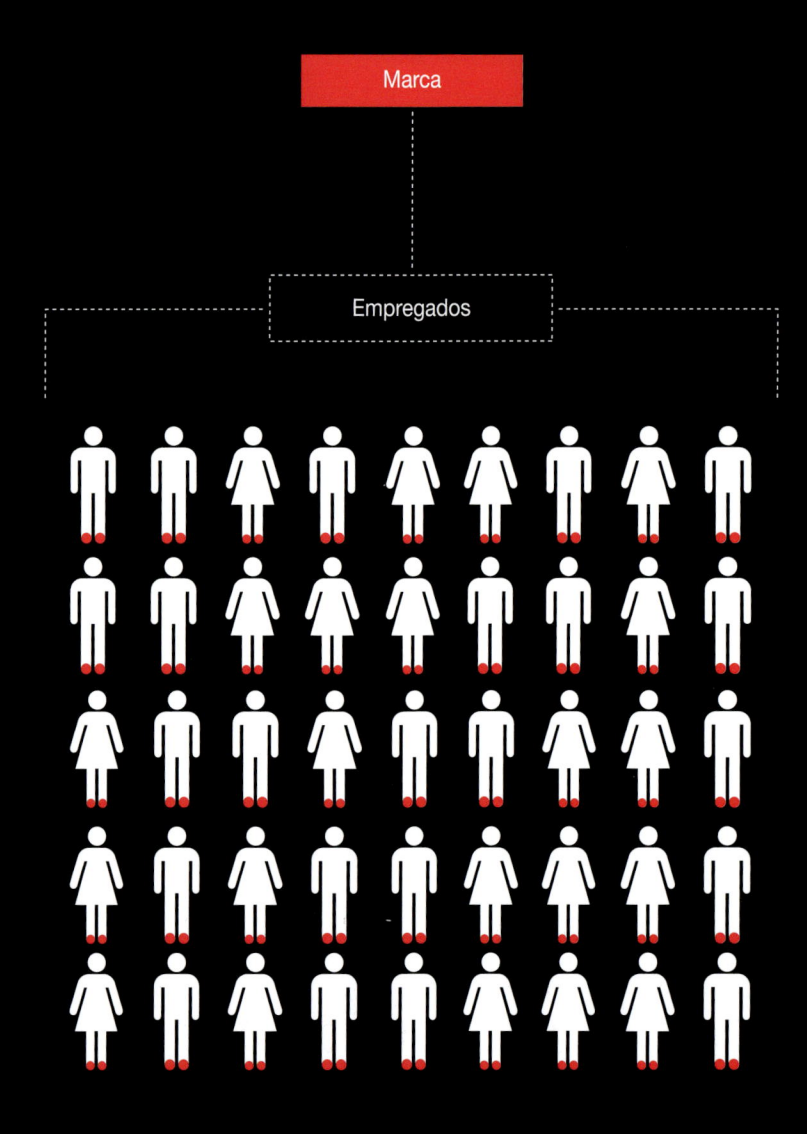

## Alphanumeric Naming
### Denominação Alfanumérica

A prática de designar letras e números para diferenciar nomes de marcas entre as versões de produtos. Esses produtos muitas vezes se relacionam entre si e o sistema alfanumérico comunica uma hierarquia de valor e/ou delineia esse relacionamentos entre os produtos. Por exemplo, modelos de carros muitas vezes têm nomes alfanuméricos, como ocorre no sistema de denominação dos carros BMW.

## Ambassadors  Embaixadores da Marca

São indivíduos que representam uma marca, mas não estão diretamente ligados às funções da comunicação de *marketing*. Espera-se de cada empregado que ele viva os valores da marca, porém os embaixadores de marcas vão além e promovem os seus valores através da organização, mesmo que eles atuem em outras funções, como finanças, operações, logística e assim por diante. Ver Champion.

## Analytics  Analítica

No mundo dos negócios, analítica é um termo usado para formas sofisticadas de análise de dados. No *marketing* e na gestão de marcas são usados vários métodos estatísticos e não-estatísticos. A avaliação das atividades de gestão de marcas e de *marketing* está se tornando cada vez mais específica. A avaliação de marca, o retorno no investimento de marca e *marketing*, assim como os cartões de pontuação de marcas, são alguns dos instrumentos prescritivos usados para melhorar a atuação nos negócios. Isso promove melhores tomadas de decisão e acrescenta apoio científico a áreas que normalmente têm sido amplamente guiadas pela intuição e pela experiência.

## Anchor Store  Loja-Âncora

Trata-se de uma grande loja de varejo que serve como a principal atração para os compradores em um centro de compras planejado. Às vezes há duas lojas-âncora, colocadas em cada extremidade do *shopping center*, com a intenção de estimular um grande número de consumidores a trafegarem por todo o centro. A gestão de marcas em um centro de compras pode contar com a imagem das lojas-âncora, porém corre o risco de perder a confiança se essas lojas deixarem o local.

## Annual Report  Relatório Anual

O relatório anual contendo a condição financeira de uma companhia, apresentado em uma Assembléia Geral Anual para aprovação pelos acionistas. Normalmente inclui as declarações de lucros e perdas, uma descrição das operações da companhia, uma folha de balanço e um relato do auditor e do presidente da companhia. Um relatório anual é projetado para os investidores a fim de que compreendam o estado corrente da companhia e os planos futuros. Muitas vezes é uma publicação impressa da corporação que apresenta o conteúdo e o design como um reflexo da marca.

## Archicteture  Arquitetura de Marca

Ver pág. 14

## Art Director  Diretor de Arte

Nos mundos da propaganda e da gestão de marcas, um diretor de arte é responsável pela aparência e sentido dos anúncios impressos, folhetos, logotipo da companhia ou campanhas interativas, bem como em comerciais de TV, por sua identidade visual. Tradicionalmente, a contrapartida de um diretor de arte é um redator que, obviamente, escreve os textos, cria nomes, *taglines*, etc. Qualquer um deles, ou ambos, podem criar uma idéia original para uma marca que se desenvolva em alguma forma de comunicação com o consumidor.

# Architecture  Arquitetura de Marca

A arquitetura de marca é a forma como uma companhia estrutura e dá nomes às suas marcas e como todos os nomes de marcas se relacionam uns com os outros. A arquitetura de marca é um componente crítico no estabelecimento de relações estratégicas podendo ser classificada de três formas: monolítica, onde o nome corporativo é usado em todos os produtos e serviços oferecidos pela companhia; endossada, quando todas as submarcas estão ligadas à marca corporativa por um endosso verbal ou visual; e livre, quando a marca corporativa opera meramente como uma companhia controladora (*holding*) e cada produto ou serviço tem marcas individuais para o seu mercado-alvo. Existem múltiplas variações dessas três estruturas primárias, existem até arquiteturas de marca mista em que os modelos anteriores se misturam. O requisito-chave é que qualquer arquitetura seja planejada tendo o consumidor como foco primário, em vez de ter influências internas tais como a administração financeira, o pessoal da organização ou mesmo a história.

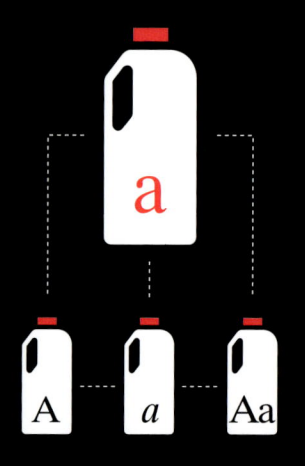

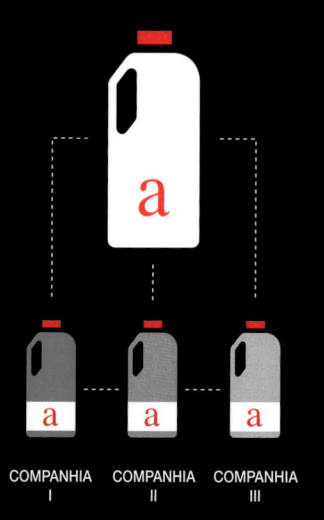

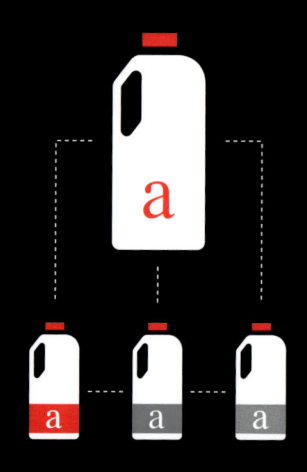

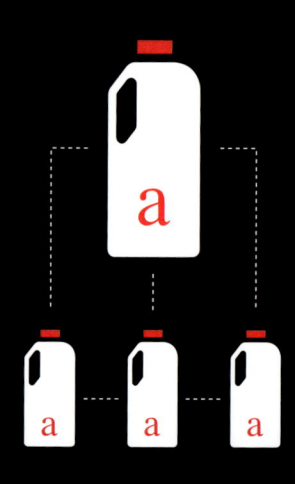

**Companhia *Holding* (Controladora)**
As marcas de produto/serviço estão sozinhas com conexão limitada à marca corporativa.

**Endossada**
As marcas de produto/serviço são proeminentes com um endosso da marca corporativa.

**Marca do Fabricante**
Ambas as marcas corporativa e a apropriada para o produto/serviço são usadas com ênfase nas marcas de produto.

**Marca-Mestra (*Masterbrand*)**
Uma única marca para identificar todos os produtos/serviços e discriminações para competência especiais de cada produto.

**Um Fato da Marca:**
De acordo com a Bain & Company, 80% das companhias acreditam que oferecem uma experiência superior ao consumidor, mas apenas 8% dos consumidores concordam com isso.

### Artwork  Arte-final
Arquivo digital de um design ou logotipo que está pronto para impressão ou produção. O trabalho de design será arte-finalizado depois que o design for aprovado. O arquivo de arte-final assegura a especificação de tamanho correto, resolução, cores, fontes tipográficas e a otimização do *layout* antes de ser encaminhado para impressão ou produção.

### Asset  Valor
Alguma coisa que possua valor atribuível e potencial de lucro para o seu possuidor. Há três tipos de *assets*: correntes, fixos e intangíveis.

### Associations  Associações
Os sentimentos positivos e negativos, crenças ou o conhecimento que os consumidores têm de uma marca, tanto comprada como não-comprada. Essas associações são formadas pela mídia de massa, boca a boca, prova de uso e/ou a repetição do uso. Os valores positivos são alavancados, enquanto os negativos são às vezes difíceis de levantar, porque se tornam enraizados.

### Attitude  Atitude
A avaliação de caráter geral sobre determinado assunto que se torna permanente. Atitudes podem abranger marcas, produtos, serviços, organizações, propaganda, inovações, idéias, conseqüências, atividades, opiniões e indivíduos e elas são formadas tanto pelo que os consumidores ouvem como por sua real experiência.

### Attributes  Atributos
Os atributos são as características de uma companhia, produto ou serviço. Eles podem ser tanto positivos como negativos e podem ser funcionais (o que um produto faz) ou emocionais (como o produto faz a pessoa se sentir). Os atributos são mensuráveis e podem ser comparados com os dos concorrentes importantes. Se os atributos são o que uma marca possui, então os benefícios (o que uma marca provoca no consumidor) explicam por que certos atributos são importantes. Muito da pesquisa de mercado é focalizado na compreensão dos atributos mais importantes e poderosos de um produto, serviço ou marca.

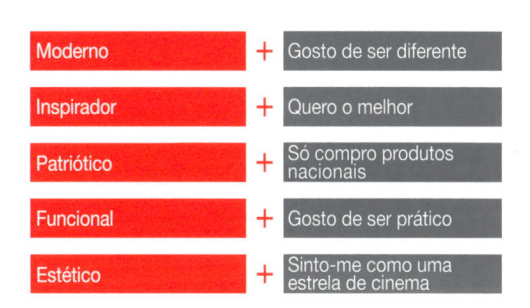

| Moderno | + | Gosto de ser diferente |
| Inspirador | + | Quero o melhor |
| Patriótico | + | Só compro produtos nacionais |
| Funcional | + | Gosto de ser prático |
| Estético | + | Sinto-me como uma estrela de cinema |

### Audience Measurement
Medida de Audiência

O levantamento dos hábitos de mídia do consumidor, incluindo a visualização, leitura, audiência e uso. A aferição de audiência traça as tendências e usa como base o tempo de exposição ou em intervalos marcados. Os conteúdos resultantes têm sido historicamente baseados no traçado do comportamento do consumidor e agora incluem a monitoração da satisfação do consumidor. O objetivo é determinar atitudes e ajustar produtos e serviços de acordo com elas.

### Audit  Auditoria
Uma auditoria é um exame detalhado, compreensivo, sistemático, independente e periódico da atuação de uma organização. Uma *auditoria de marca* verifica especificamente a atuação, as comunicações interna e externa, a experiência do consumidor e assim por diante. Os resultados identificam as brechas na atuação, as vantagens da concorrência e as oportunidades de mercado. A auditoria é uma combinação de arte e ciência que emprega dados quantitativos e qualitativos baseados em estratégias de negócios e de marca. Ver Qualitative and Quantitative Research.

### Awareness  Consciência
A consciência é o grande conhecimento de um consumidor a respeito de uma marca específica. Há técnicas de pesquisa tanto quantitativas como qualitativas para determinar a capacidade do consumidor em identificar uma marca contra as concorrentes com precisão bastante para decidir uma compra. A consciência de marca é uma medida usual da efetividade das comunicações de *marketing*. A consciência não-estimulada é espontânea, enquanto a consciência estimulada ou induzida é quando uma marca é reconhecida entre outras que são relacionadas ou identificadas. Ver Aided Recall e Brand Awareness, ver também Qualitative and Quantitative Research.

## Um Fato da Marca:

Em média, os preços das mercadorias com marca própria de qualquer tipo são aproximadamente 27% mais baixos que os de produtos de marca, de acordo com pesquisa da Information Resources Inc.

Bb

> "Respeite o seu bom nome como a jóia mais preciosa – porque o crédito é como o fogo: uma vez aceso, pode ser facilmente preservado, porém se for apagado será difícil acendê-lo novamente. A maneira de obter boa reputação é esforçar-se para ser o que se quer parecer."
>
> Sócrates

Notas:

### Balanced Scorecard
Uma técnica originada pelos autores Kaplan e Norton para medir o desempenho dos negócios. Ela está baseada em avaliações dos aspectos financeiros, mercados/consumidores, processos internos, bem como treinamento e crescimento organizacional. O modelo está sendo adotado e ajustado para a gestão e mensuração de marcas. As coordenadas são ajustadas de forma a se tornarem mais específicas para a marca e para a comunicação geral.

### Banner Advertisement  Banner
Anúncio que se estende como uma faixa por toda a largura de uma página impressa ou de *website*. No caso do *website*, pode ser estático ou animado e às vezes oferece acesso a mais informações por meio de um clique.

### Barrier to Entry  Barreira de Entrada
Qualquer fator de defesa que uma empresa utiliza para desviar um golpe do concorrente. Eles podem ser legais, naturais, injeção de investimento, procedimentos táticos, práticas comerciais apropriadas ou a própria marca. A expressão pode também referir-se aos custos que alguma empresa nova precisa enfrentar para entrar no mercado.

### Barrier to Exit  Barreira de Saída
A dificuldade de uma empresa em desistir de certos mercados ou ações, ou de redirecionar recursos já aplicados para outras atividades de maior lucro. Pode ser difícil desistir sem retirar uma parte ou o total do investimento inicial.

### Basic Elements  Elementos Básicos
São os instrumentos essenciais para construir uma identidade visual. Consistem em nome, logotipo, símbolo, fonte tipográfica, código de cores, estilo das imagens e das fotografias, bem como o tom de voz. O sistema de identidade de uma marca resulta da combinação de todos esses elementos.

### BCG Matrix  Matriz BCG
Originada pelo Boston Consultig Group (BCG), é uma idealização que tem sido amplamente adotada para explicar e orientar a gestão de portfólios. Foi desenvolvida originalmente para mapear divisões ou a totalidade da empresa, porém agora está sendo aplicada para segmentos de consumidores, marcas, grupos de produtos, locais geográficos, etc.

### Behaviors  Comportamentos
Os comportamentos indispensáveis que sustentam a plataforma e os valores da marca. Esses comportamentos têm significação tanto nos níveis corporativo como individual e sua adoção determina de forma definitiva o ritmo (e/ou a semelhança) das mudanças culturais.

### Belief  Convicção
A convicção ou crença é o pensamento descritivo que as pessoas têm a respeito de um produto, serviço, inovação, idéia, evento, empresa ou até mesmo uma pessoa – não importa se interagiram ou não diretamente com qualquer deles. Pode haver certa confusão entre convicção e atitude já que esses termos podem ser usados de forma intercambiável, no entanto, uma atitude pode ser avaliada, o que não acontece com a convicção.

### Below-the-Line Communications  Comunicação sob a Linha
O termo "comunicação sob a linha", também denominado BTL (de *below-the-line*), refere-se a comunicações que não envolvem a compra de mídia. À

medida que os meios de comunicação se tornaram mais integrados, esse termo, assim como a chamada "comunicação acima da linha" (ATL), está se tornando cada vez menos preciso em sua descrição. As atividades BTL incluem outras mídias que não as principais, utilizando, por exemplo, publicidade editorial, *marketing* direto, promoções e relações públicas.

### Benchmarking

O *benchmarking* é uma técnica para comparar desempenhos. O uso mais típico é na comparação entre concorrentes ou entre indústrias específicas. Suas origens estão na indústria de produtos manufaturados, porém, ele tem sido adotado em outras indústrias, funções e avaliações. As marcações do *benchmarking* podem ser enganadoras se não forem tomadas em contextos apropriados ou de acordo com variáveis que demonstrem um quadro bastante completo da situação que está sendo examinada.

### Benefit Segmentation
Segmentação de Benefícios

Um método de dividir (segmentar) mercados baseado naquilo que grupos individuais querem de uma marca. Por exemplo, o mercado de cerveja poderia incluir um segmento para cervejas leves, outro para cerveja preta, mais um para cerveja clara, ainda outro para marcas importadas, etc.

### Best Global Brands
As Melhores Marcas Globais

Relatório anual de desempenho sobre o valor econômico das marcas líderes do mundo, produzido pela Interbrand com o emprego de uma metodologia própria. Expressado em dólares e como uma porcentagem de capitalização no mercado, o relatório posiciona as 100 marcas mais valiosas usando dados publicamente disponíveis das marcas com valores superiores a dois bilhões de dólares e que tenham vendas significativas fora do país de origem. A empresa de relações públicas Burston-Marsteller fez um estudo sobre quais os relatórios globais que os CEO (*chief executive officer*, alto executivo de operações) dão mais atenção e o Best Global Brands foi o terceiro mais cotado. A Interbrand conduz, também, classificações específicas de marca em dez países, incluindo França, Taiwan e Brasil.

### Boilerplate
Forma Normatizada de Escrever

*Boilerplate* é uma forma normatizada de escrever algo que pode ser copiado muitas vezes, usada em documentos legais, contratos, etc. No nosso caso, é um conjunto consistente de comunicações escritas que pode ser usado como norma múltiplas vezes. Às vezes, é usado para informações paralelas ou para respostas freqüentes ou similares que geralmente ocorrem em propostas ou projetos. Embora seja um instrumento que economiza tempo, o *boilerplate* pode também ser perigoso na medida que torna-se demasiado primário ou impreciso para certas finalidades e mesmo para certos públicos.

### Bottom-up Planning
Planejamento de Baixo para Cima

Ocorre quando a administração superior requisita dos departamentos ou da administração subalterna planos para serem incluídos no planejamento corporativo ou de *marketing*. O processo tem como objetivo proporcionar que os níveis inferiores alcancem metas de desempenho, uma vez que eles estão mais ativamente envolvidos no processo de planejamento. É o oposto de *top-down planning*, o planejamento de cima para baixo, onde as metas e objetivos são articulados e escalonados do topo para a base através das posições gradativas a serem alcançadas.

### Brainstorming

Quando surge uma questão ou oportunidade, os acionistas, especialistas nos assuntos e/ou participantes que estejam objetivamente envolvidos organizam-se para uma "sessão de *brainstorming*", uma discussão livre que é montada para obter consenso sobre uma solução e sobre os passos seguintes a serem tomados. Vários métodos e técnicas são empregados para o processo e muitas vezes o sucesso depende da habilidade do facilitador.

---

**Um Fato da Marca:**
O McDonald's tem mais de 30.000 lanchonetes em todo o mundo. A Starbucks tem mais de 9.000, com um plano de expansão para 30.000 baseado em projeções de vendas e localizações geográficas potenciais. Essa cafeteria onipresente está abrindo 3,5 lojas por dia.

### Brand  Marca

A marca é uma mistura de atributos tangíveis e intangíveis, simbolizados por uma marca registrada que, quando tratada de forma apropriada, cria valor e influência. O "valor" tem diferentes interpretações: na perspectiva do mercado ou do consumidor é a promessa e o cumprimento de uma experiência; na perspectiva empresarial é a segurança de lucros futuros; na perspectiva da lei é uma peça independente com propriedade intelectual. As marcas simplificam as tomadas de decisão, representam uma certeza de qualidade e oferecem alternativas relevantes, diferenciadas e com credibilidade em meio às ofertas da concorrência.

### Brand Awareness
### Consciência de Marca

A consciência de marca é usada de forma comum na comunicação do *marketing* para avaliar a efetividade. Ela investiga como muitos consumidores-alvo têm conhecimento prévio de uma marca quando avaliados pelo reconhecimento da marca e pela lembrança da marca. O reconhecimento da marca (também chamado de *aided recall* ou lembrança induzida) mede a amplitude do quanto uma marca é lembrada quando o nome é mencionado; por exemplo: "Você conhece a marca Sony?". A lembrança da marca (também chamada de *unaided recall* ou lembrança não-induzida) refere-se à capacidade de um consumidor para lembrar-se de uma marca específica quando é apresentada uma categoria de produtos sem mencionar qualquer marca da categoria.

### Brand Book  O Livro da Marca

Uma descrição única com textos e com imagens visuais que dão vida e história à marca. Geralmente dirigido a públicos internos, os livros da marca são desenvolvidos para contar a história da marca em toda a sua constituição, garantindo consistência em sua aplicação. Muitas vezes a história da marca está contida em uma publicação mais ampla que normatiza o uso da marca, o Manual de Identidade Visual.

### Brand Brief

Documento de planejamento detalhado com os requisitos para qualquer projeto de construção de marca. Ele apresenta metas, objetivos, o cenário da concorrência, as características e desempenhos correntes, prazos e orçamento. Assegura que todos os acionistas sejam previamente preparados para as mudanças e que esteja ocorrendo um estudo consistente envolvendo qualquer mudança significativa na marca.

### Brand Commitment
### Compromisso de Marca

O grau de comprometimento de um consumidor com uma determinada marca a ponto de voltar a comprá-la/usá-la no futuro. O nível de compromisso indica o grau no qual os direitos do consumidor da marca estarão protegidos dos concorrentes.

### Brand Culture  Cultura de Marca

A prática e o processo de supervisão desenvolvido pela Interbrand para assegurar que os empregados de uma organização sejam o primeiro público a ser informado e a compreender profundamente o que a marca pretende alcançar. Incrivelmente, por muitos anos, o público interno era o último a saber das coisas sobre a marca e isso causava problemas de desempenho uma vez que eles eram os que deviam expressar as promessas assumidas através das comunicações externas. Esse processo, especialmente dentro da gestão de marca, é mais profundo do que as comunicações internas e eventos de lançamento. Envolve práticas de recursos humanos em compasso com recompensas e reconhecimento, compensação e desenvolvimento da carreira profissional.

### Brand Cycle  Ciclo da Marca

Processo que a Interbrand utiliza para criar e desenvolver a gestão da marca de um cliente como um bem de valor. Ele delineia a amplitude dos serviços e dos benefícios resultantes. Começa com a avaliação de uma marca existente ou a criação de uma nova marca e leva o proprietário a seguir uma extensa série de intervenções estratégicas e criativas que têm por objetivo um claro retorno do investimento na marca.

### Brand Earnings  Ganhos de Marca

Estes são os lucros que podem, com imparcialidade, ser atribuídos unicamente a uma marca. Eles resultam das rendas que a marca gera e são distribuídos pela divisão dos lucros, entre todos os indivíduos ou grupos que contribuíram para gerar a marca. Essa forma de divisão de lucros é o método mais usado e reconhecido para estabelecer o valor econômico de uma marca e é empregado pela maioria dos administradores contábeis e consultores. Também está se tornando o método padrão de

Notas:

contabilidade para capitalizar a *goodwill* (diferença entre o preço pago e o valor líquido contábil da empresa) no balanço.

### Brand Equity  Valores da Marca

O *brand equity* é a soma das qualidades que diferenciam a marca e também é chamado de capital de reputação. Um produto ou serviço com um alto conceito de *brand equity* desfruta de uma vantagem competitiva que às vezes conduz a preços superiores.

Há diferentes definições do termo nos diferentes mercados. No Reino Unido, *brand equity* é usado principalmente para descrever avaliações de mercado baseadas em pesquisas e modelos de acompanhamento que focalizam as percepções dos consumidores. Nos Estados Unidos, ele é usado na avaliação de modelos tanto pela pesquisa como por dados financeiros. Esses modelos usam a pesquisa dos consumidores para acompanhar o desempenho relativo das marcas. Eles não proporcionam um valor financeiro da marca, mas avaliam o comportamento e as atitudes dos consumidores que causam impacto no desempenho econômico da mesma. Alguns modelos agregam medições do comportamento, como a participação no mercado e o preço relativo.

### Brand Equity Insights

Avaliação quantitativa dos três componentes que compreendem os valores de uma marca: conhecimento (familiaridade, consciência, relevância), diferenciação (personalidade da marca) e compromisso (credibilidade, fidelidade, satisfação). Essa metodologia de pesquisa de propriedade da Interbrand produz uma compreensão da estrutura de mercado e dos fatores que conduzem a fidelidade e o compromisso dentro dessa estrutura.

### Brand Essence  Essência da Marca

A promessa da marca expressada em termos mais simples e de lembrança única. Por exemplo, Volvo = segurança; AA (Alcoólicos Anônimos) = serviço de apoio. As essências mais poderosas de marca têm raiz em uma necessidade fundamental do consumidor.

### Brand Experience
Experiência de Marca

Ver página 22

### Brand (or Product) Extension
Extensão da Marca (ou Produto)

Significa o uso de uma marca bem-conhecida para lançar um novo produto em um segmento diferente do mercado. Por exemplo, Jello entrou no mercado com Jello Instant Pudding (Pudim Instantâneo Jello) como uma marca ou produto de extensão. O benefício dessa estratégia é claro: alavancar valores existentes. No entanto, se a extensão ficar muito afastada da categoria original poderá causar um impacto na reputação e valor da marca original.

### Brand Guidelines
Orientação e Normatização da Marca

Dentro das empresas, todos os que estão envolvidos na construção e manutenção de uma marca bem-sucedida utilizam as orientações e normatizações da marca. Elas são projetadas para informar e motivar e são pontos críticos no estabelecimento e reforço de uma cultura interna forte sobre a marca. Essas normatizações podem incluir imagens e valores, requisitos de design e de textos, determinações de estratégia e posicionamento e até mesmo uma listagem de departamentos e funcionários da empresa mostrando como entrar em contato com os gestores-chave da marca. As orientações e normatizações são parte reforço e parte motivação para assegurar uma aplicação consistente da marca. Elas proporcionam informação completa e dão força à equipe e fornecedores terceirizados para desenvolverem a aplicação da marca com sucesso e de maneira independente.

### Brand Licensing
Licenciamento da Marca

O empréstimo feito pelo proprietário da marca para que ela possa ser usada por outra empresa, na maioria dos casos por meio de um valor fixo estipulado ou pelo pagamento de *royalty*. Ainda que seja uma atrativa fonte de renda, é importante para o proprietário da marca ter certeza que os valores da marca estejam protegidos de forma que o licenciamento não lhe cause danos ao longo da duração do acordo.

# Brand Experience  Experiência de Marca

Os meios pelos quais uma marca é fixada na mente dos que interagem com ela. Algumas experiências são controláveis, como em ambientes de varejo, propaganda, produtos/serviços, *websites* e assim por diante. Outras não são controláveis, como os comentários na imprensa e o boca-a-boca. As marcas fortes emergem a partir de consistentes interações do consumidor que se combinam para formar uma experiência clara, diferenciada e holística.

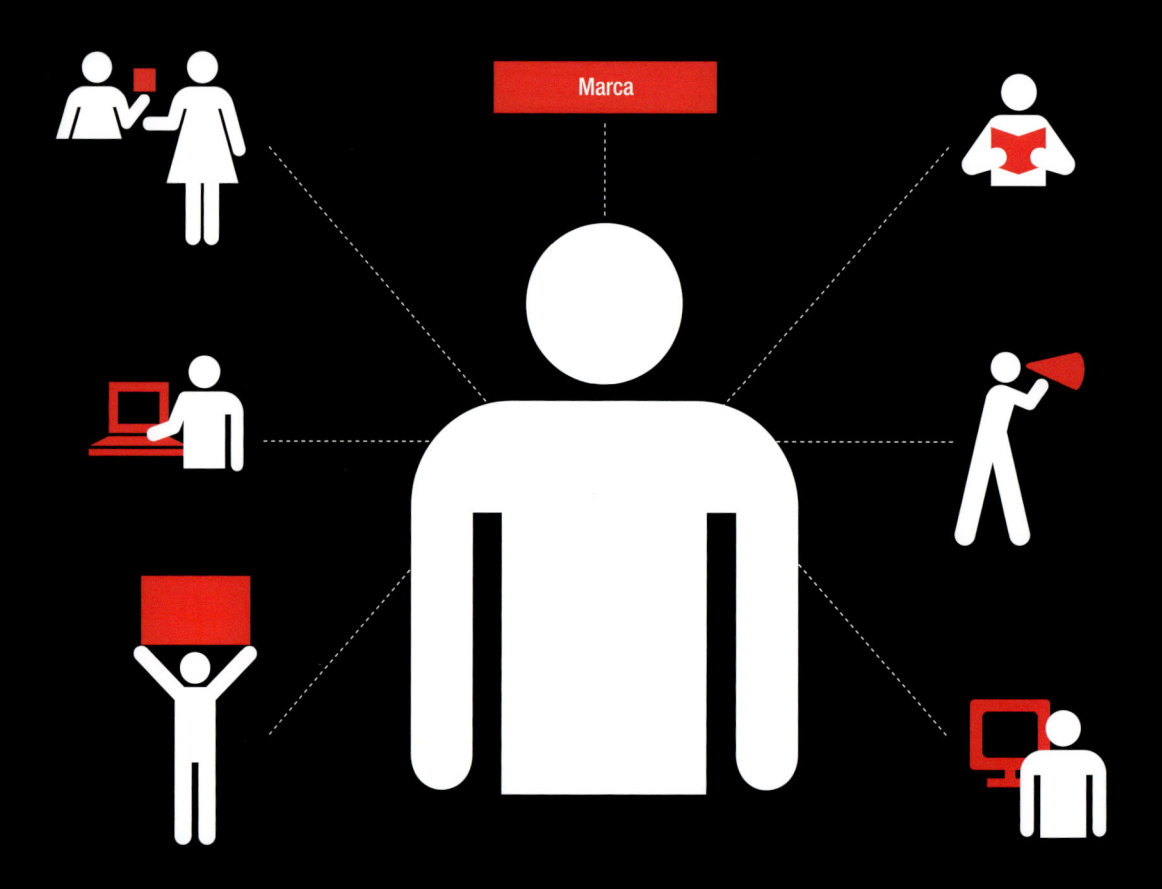

**Um Fato da Marca:**
A Câmara Internacional de Comércio estima que a indústria da imitação compreenda de 5% a 7% dos negócios mundiais e tenha um valor por volta de 450 a 500 bilhões de dólares.

**Notas:**

### Brand Management
Gerência de Marca

O processo de gerenciar as marcas de uma empresa para aumentar o *brand equity* e o valor financeiro a longo prazo. Foi originalmente articulado e defendido pela Procter & Gamble para gerenciar marcas individuais dentro de um conjunto de marcas. Hoje, no entanto, está definido de forma mais ampla e compreende estratégia, design e o desdobramento de uma organização, produto ou serviço. As organizações estão investindo cada vez mais na gestão de marcas para terem vantagens competitivas e isto está forçando o reestudo dos departamentos de marca tradicionais, resultando na responsabilidade pelo encarregado da chefia de *marketing* ou pelo executivo de *marketing* sênior. Organizações sofisticadas na gestão de marcas empregam valores de marca como indicadores através de todas as funções, assegurando um comportamento, uma tomada de decisões e um desempenho consistentes.

### Brand Manager  Gerente de Marca

É o responsável pelo desempenho de um produto, serviço ou marca. O gerente de marca pode também supervisionar um portfólio de marcas, organizando-as para que tenham máxima efetividade, assegurando que não sejam comprometidas por usos táticos; também projeta planos para crises de gerenciamento. O gerente de marca pode responder a membros seniores da organização, como o vice-presidente ou o chefe do setor de *marketing*.

### Brand Platform  Plataforma de Marca

Uma articulação para o posicionamento feita pela Interbrand que delineia as metas de uma organização, produto, serviço ou marca. A plataforma de marca exige um entendimento mais profundo sobre o que diferencia uma marca e a torna confiável e relevante para os públicos–alvo definidos. Ela também requer tomadas de decisão bem-informadas no que diz respeito à capacidade de uma marca para se estender além de sua categoria inicial e da concorrência. A plataforma compreende:

- Visão de marca: o *insight* que guia a marca.
- Missão da marca: como a marca vai atuar em seu *insight*.
- Valores da marca: o código pelo qual a marca vive. Os valores da marca atuam como um gráfico de coordenadas para medir o comportamento e o desempenho.
- Personalidade da marca: as peculiaridades reconhecíveis e que são possuídas pela personalidade da marca.
- Tom de voz da marca: como a marca se comunica com seu público.

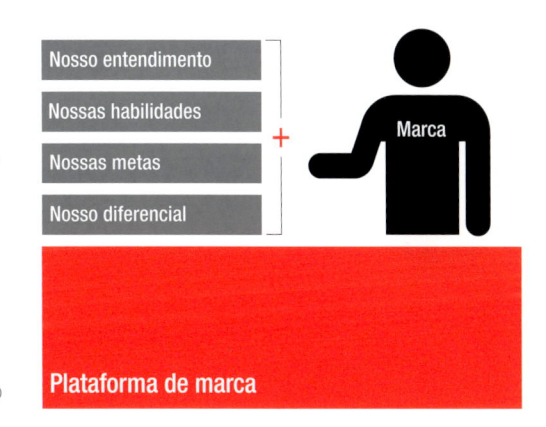

### Brand Positioning
Posicionamento da Marca

Posicionamento é a localização única e estratégica da marca no cenário da concorrência. Estabelece a comunicação com os consumidores de maneira a colocar a marca à parte da concorrência, assegurando que os consumidores possam diferenciá-la entre outras. Basicamente, o posicionamento é o lugar no mercado que o público-alvo acredita ocupar por meio da oferta de benefícios tangíveis e intangíveis.

### Brand Positioning Statement
Afirmação de Posicionamento da Marca

Serve como um guia interno de uma empresa para a sua estratégia de comunicação de *marketing* com respeito a uma marca individual. Relaciona os benefícios e associações que diferenciam a marca de sua concorrência de forma significativa. Uma afirmação de posicionamento da marca inclui as palavras, fotografias e/ou imagens que criam um entendimento comum, bem como delineia os benefícios e as ações.

### Brand Protection  Proteção da Marca

A proteção da marca refere-se aos passos legais tomados para registrar a individualidade de uma marca e protegê-la como um bem de valor. A Pepsi-Cola registrou as fórmulas de seus produtos, a forma e design de seus frascos e embalagens, endereços de *website*, *slogans* de propaganda e

# Brand Valuation  Avaliação da Marca

Esse tipo de avaliação estabelece o valor financeiro de uma marca. Embora existam vários métodos de avaliação disponíveis, o enfoque de "uso econômico" é agora o mais amplamente reconhecido e aplicado. O uso econômico estabelece o valor de uma marca identificando os seus lucros futuros e descontando deles um valor líquido do presente usando um fator de descontos que reflete o risco desses ganhos serem realizados. O enfoque de uso econômico foi desenvolvido pela Interbrand em 1988. A metodologia integra o estabelecimento da estruturação de mercado e a avaliação da marca por meio de rigorosa análise financeira.

Essas avaliações conduzem à gestão de tomadas de decisão em muitas áreas, investimentos otimizados nos negócios, gestão de portfólio, licenciamento, planejamento de impostos, apoio para litígios e apoio para transações de fusões e aquisições.

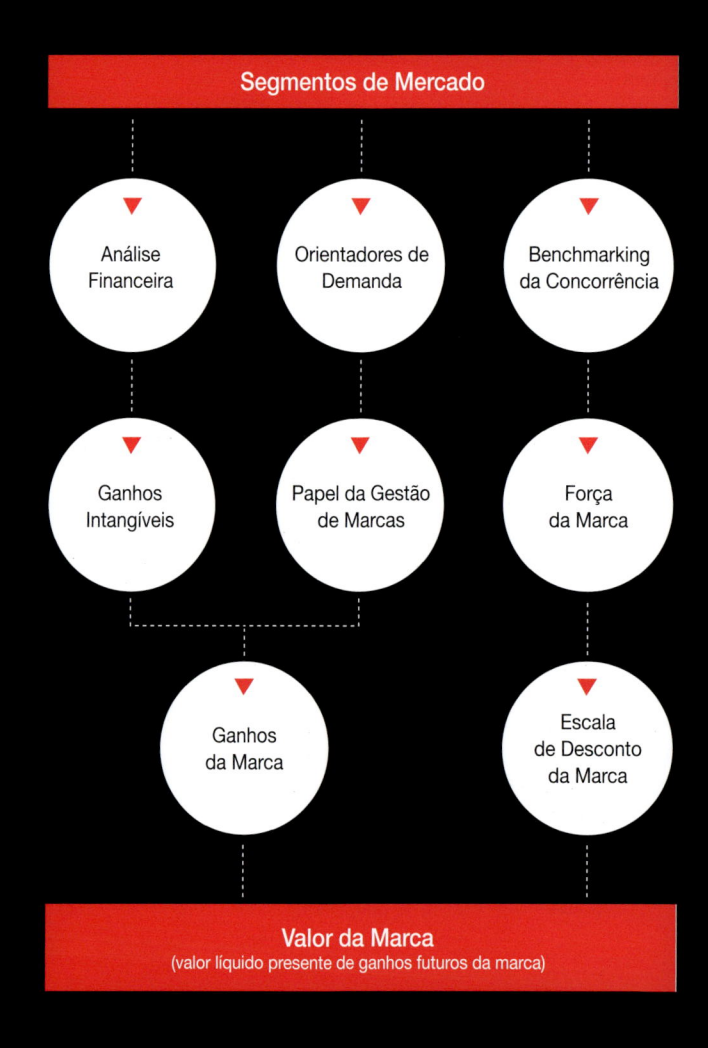

**Segmentos de Mercado**
↓ ↓ ↓
- Análise Financeira
- Orientadores de Demanda
- Benchmarking da Concorrência

↓ ↓ ↓
- Ganhos Intangíveis
- Papel da Gestão de Marcas
- Força da Marca

↓ ↓
- Ganhos da Marca
- Escala de Desconto da Marca

↓
**Valor da Marca**
(valor líquido presente de ganhos futuros da marca)

> "Se esta empresa fosse dividida, eu lhe daria o terreno, os tijolos e o cimento e ficaria com as marcas e os logotipos; assim, ficaria bem melhor do que você."
>
> John Stewart, antigo CEO da Quaker.

**Um Fato da Marca:**
A Forrester Research constatou que o *marketing* de boca a boca, o viral e o *buzz* atingem até 46% dos consumidores norte-americanos.

assim por diante, para assegurar que tem sob proteção todos os diferenciais associados à Pepsi.

### Brand Strategy — Estratégia de Marca

A estratégia de marca é um plano de grande amplitude, uma visão clara e a articulação de como uma marca vai causar benefícios diferenciados e relevantes aos consumidores-alvo. Uma estratégia de marca efetiva responde a cinco questões cruciais:

1. Quais são os segmentos de consumidores mais vantajosos que a marca precisa atender?
2. Qual é a proposição única de valor que vai convencer esses consumidores de alta prioridade a repetirem a escolha dessa marca?
3. Por que esses alvos de alta prioridade devem acreditar na marca?
4. Quais são os fatos que dão suporte à proposição de valor?
5. Como poderemos comunicar e implementar a gestão da marca, do *marketing* e do plano operacional de forma que sejam adotados pelos empregados e pelos canais de vendas?

Não existem receitas ou fórmulas para desenvolver uma estratégia de marca. Há muitos modelos diferentes, mas todos devem ter suas raízes na visão da marca e ser conduzidos pelos princípios de diferenciação e um enfoque sustentável no consumidor. Esses modelos também devem estar baseados nas variáveis específicas do fabricante e da concorrência.

### Brand Strenght — Força da Marca

Parte da metodologia de avaliação de marcas da Interbrand, é uma verificação detalhada para decidir se os ganhos prognosticados para uma marca serão obtidos. É determinado um fator de desconto baseado no preço maior de risco para a marca. Isso resulta no valor líquido presente dos ganhos da marca.

### Brand Tango

Brand Tango, uma marca registrada desenvolvida pela Interbrand, é um enfoque para a gestão de marcas de consumo. O seu propósito é inspirar um pensamento inovador gerando idéias pela aplicação do entrecruzamento das melhores práticas experimentadas por marcas bem-sucedidas que estejam fora da categoria do cliente. Isso é realizado comparando as marcas entre si de forma repetida e múltipla em combinações simbióticas, mesmo que inesperadas. Brand Tango foi inspirado no tango argentino. O tango é uma dança executada com paixão e estilo, onde cada movimento é coreografado cuidadosamente e o resultado de cada dança é unicamente dependente da interação e sinergia dos dois dançarinos. Isso torna a metáfora perfeita para o enfoque da inovação: combinações inesperadas de marcas para obter resultados surpreendentes.

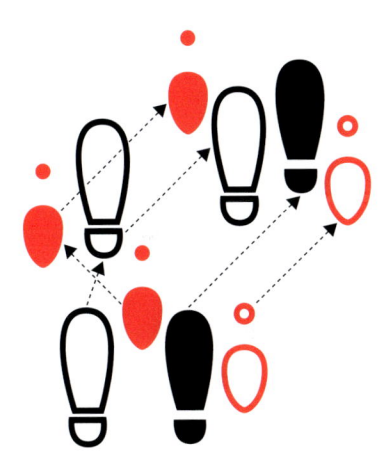

### Brand Valuation — Avaliação da Marca

Ver página 24

### Brand Value — Valor da Marca

Valor maior calculado em dinheiro que resulta do comprometimento de um consumidor com uma marca e a sua concordância em pagar mais por ela quando comparada com uma oferta genérica na mesma categoria. É o valor financeiro atribuído à marca e demonstra o valor da marca (ou de um conjunto de marcas) como parte dos bens intangíveis de uma empresa.

**Um Fato da Marca:**
A revista *Consulting* cita as três principais razões pelas quais os clientes selecionam as consultorias: compreensão de necessidades específicas, profundidade na atuação funcional e profundidade na experiência industrial. O preço é a razão número quatro.

Notas:

## Brand Value Calculation
### Cálculo do Valor da Marca

O valor da marca é o valor presente líquido (NPV – *net present value*) dos ganhos prognosticados para a marca, calculado pela escala de descontos da marca. O cálculo NPV compreende os dois períodos, o de previsão e o que vem depois, refletindo a capacidade das marcas em continuar gerando lucros futuros. Esse cálculo é parte do método de avaliação de propriedade da Interbrand e ajuda a determinar o efeito das estratégias de *marketing*, orçamentos de comunicação, retorno no investimento de marca bem como outras decisões-chave de negócios e de marca.

## Brand Value Management
### Gerenciamento do Valor de Marca

Metodologia da Interbrand para criar e gerenciar o valor de marca. Trata-se de uma lista abrangente de serviços e instrumentos empregados para posicionar uma marca no presente e no futuro. A meta é assegurar a fidelidade dos públicos-alvo determinados para proporcionar benefícios econômicos ao proprietário da marca.

## Brand Values  Valores da Marca

O resumo dos comportamentos descritivos que podem ser exemplificados em uma marca. São representados pela empresa, pela marca e pelos empregados. Os exemplos incluem paixão, inventividade, respeito, honestidade e/ou colaboração.

## *Brandchannel.com*

Criado em fevereiro de 2001 pela Interbrand, o Brandchannel.com é uma revista *on-line* que tem por objetivo proporcionar uma perspectiva global sobre a marca. O Brandchannel.com publica semanalmente artigos originais e estudos, desafiando os leitores a refletirem sobre os aspectos importantes que afetam a marca no presente e que vão afetá-la no futuro. Para estimular com mais ênfase a consciência de marca, a revista oferece intrumentos e informações, incluindo conferências, cursos e carreiras profissionais em nível mundial, bem como apresenta *links* com outros valiosos recursos do setor.

## Branding  Gestão de Marcas

A atividade estratégica e criativa da criação de marcas e de gerenciá-las como bens de valor. Ver Brand e Brand Management

## Business-to-business Branding
### Gestão de Marcas de Empresa-para-Empresa

A estruturação de marcas e da comunicação que envolve a compra e venda entre empresas. A substância da comunicação está focalizada nos relacionamentos, na administração contábil e nas soluções. Os ciclos de vendas tendem a ser mais longos e mais complexos uma vez que as transações tendem a ter maior volume. Por exemplo, um consultor de tecnologia vendendo um grande programa de integração de sistemas a uma organização global de serviços financeiros.

## Business-to-consumer Branding
### Gestão de Marcas de Empresa-para-Consumidor

A estruturação de marcas e de comunicação que diz respeito aos consumidores. Embora essa atividade tenha empregado tradicionalmente as comunicações da mídia de massa, as marcas de empresa-para-consumidor agora estão usando a comunicação mais dirigida a segmentos para melhor efetividade e eficiência.

## Buyer Behavior
### Comportamento do Consumidor

A maneira como os consumidores atuam no processo de compra, o que inclui consideração, experimentação, repetição da compra e fidelidade. A compreensão dos processos racionais de consumidores potenciais e existentes permite às organizações ajustarem suas ofertas e sua comunicação para facilitar as decisões de compra.

## Buzz

Ver página 27

# Buzz

Termo que se refere à atenção da mídia e do público em relação a um produto ou serviço. Se houver bastante *buzz* (zumbido, zoada), os gestores de marcas estão fazendo a coisa certa. Porém, se o silêncio é ensurdecedor, então é preciso voltar à prancheta de desenho. O *buzz marketing* está baseado nesse fenômeno e apóia-se no hábito que as pessoas têm de passar adiante informações e recomendações para seus familiares e amigos. Ver Viral Marketing

"O objetivo do *marketing* é conhecer e entender o consumidor tão bem que o produto ou serviço sirva para ele e se venda sozinho."

Peter F. Drucker

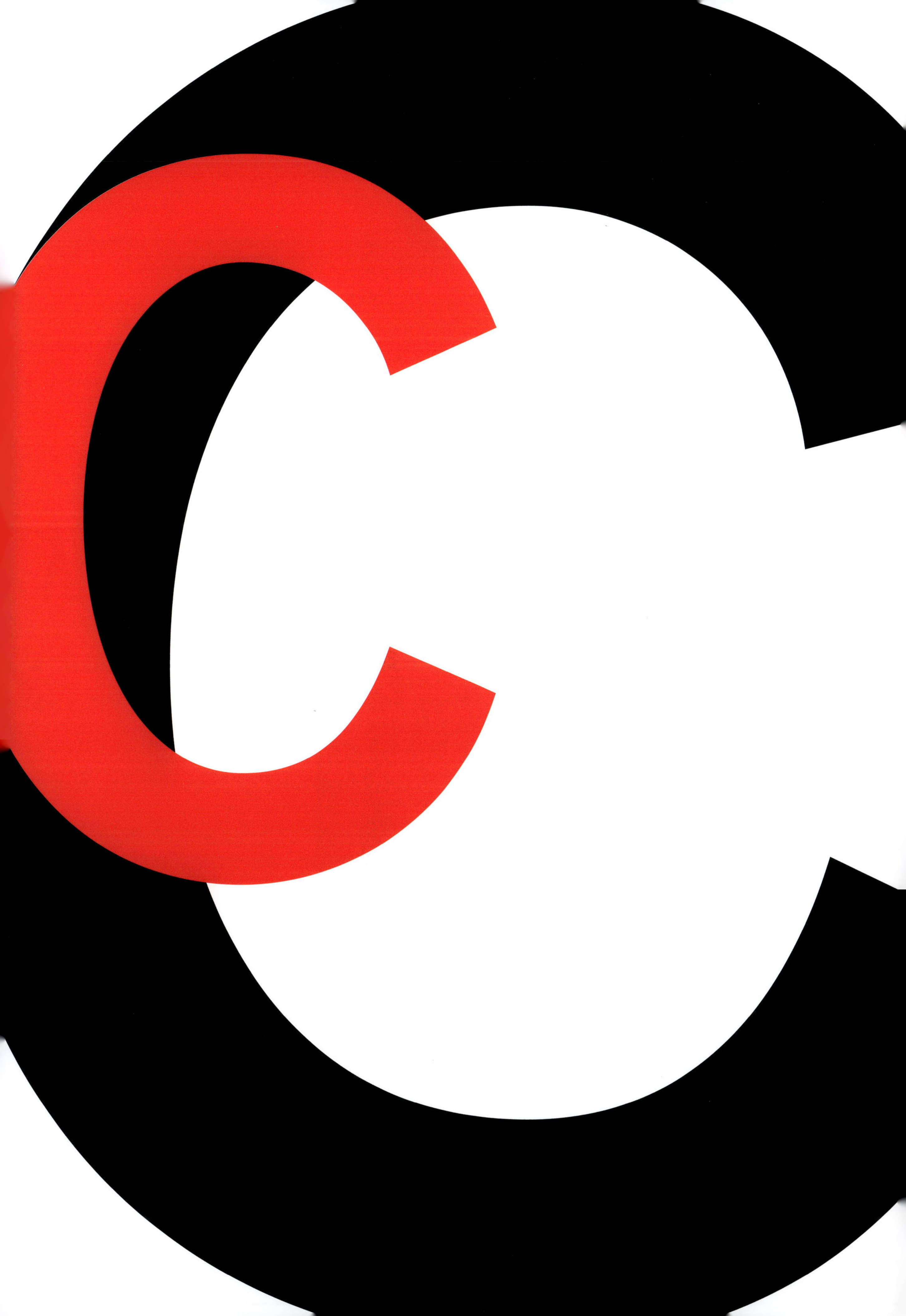
C
C

**Um Fato da Marca:**
O jornal *The New York Times* registra que 80% de todas as marcas globais contam agora uma estratégia para o segmento "*tween*" (o segmento que fica *between* [entre] as classificações tradicionais).

### Cannibalization  Canibalização

A chamada canibalização ocorre quando uma extensão de marca ou de uma linha de produtos apropria-se das vendas alcançadas por outras marcas existentes e estabelecidas da mesma empresa. A sobreposição entre marcas não é rara, uma vez que os vários segmentos de consumidores dentro de uma categoria de produto tendem a assumir características comuns entre si. Porém, o risco dessa soreposição é que marcas com margens mais altas podem ser afetadas negativamente por marcas de margens menores, resultando em perdas gerais de lucros e de valor de marca.

### Category Management
### Gerenciamento de Categorias

Este sistema, creditado à Procter & Gamble, foi introduzido nos anos 1980 como um aperfeiçoamento da gestão de marcas. No gerenciamento de marcas, os gerentes tendem a concentrar-se em suas marcas e dão pouca atenção à concorrência com outras marcas possuídas pela própria empresa nas mesmas categorias ou nas que se relacionam com elas. Entretanto, o gerenciamento de categorias amplia as responsabilidades dos gerentes de forma que eles se tornam responsáveis pelo bem-estar financeiro geral da categoria e da marca. São eles que lidam com as situações de canibalização (ver acima), de otimização e de promoções cruzadas.

### Cause Branding
### Marcas por uma Causa

As marcas por uma causa ocorrem quando uma organização com fins lucrativos alinha-se com uma causa beneficente ou de responsabilidade social ou de sustentabilidade para compartilhar benefícios mútuos. A causa é geralmente uma organização existente sem fins lucrativos que compartilha valores, convicções e públicos com a organização que tem fins lucrativos. Freqüentemente, é o ato mais visível de filantropia e responsabilidade social de uma empresa. Com a crescente sofisticação da resposta dos consumidores à comunicação trivial, o alinhamento com uma organização sem fins lucrativos pode ser um compromisso estratégico e a longo prazo bastante vantajoso para uma empresa, serviço ou produto.

### Challenger Brand  Marca Desafiadora

Trata-se de um líder fora do mercado que se empenha fortemente em tomar uma fatia de seus concorrentes, ou uma marca que já tem uma presença significativa e tenta assumir a posição de liderança.

### Chain of Experience
### Cadeia de Experiência

Todos os pontos de contato individuais e potenciais que um consumidor experimenta quando interage com uma marca. Isso envolve todos os cinco sentidos e deve ser manejado holisticamente para assegurar que aquilo que a marca promete é o que a marca cumpre. A cadeia de experiência é freqüentemente remodelada para determinar os benefícios prioritariamente aos investimentos.

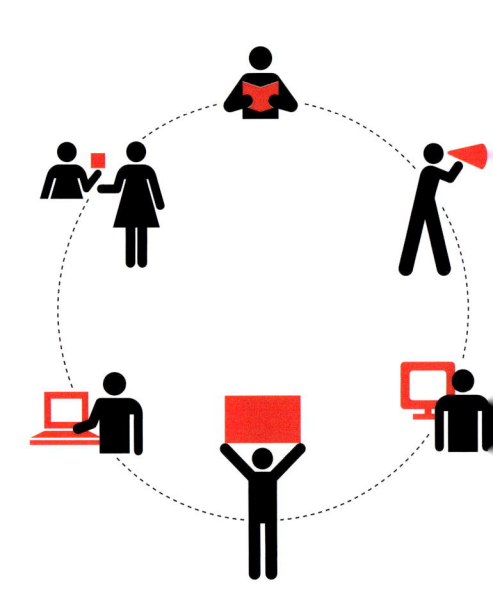

### Champion  Campeão de Marca

Um degrau além dos embaixadores de marca, os *brand champions*, ou campeões de marca, são indivíduos dentro de uma empresa que cultivam e espalham a visão e os valores da marca dentro da organização. Esse papel informal varia desde estimular a conscientização até os casos onde o campeão procura levar adiante um projeto mesmo quando existem barreiras de resistência interna. Quanto mais os empregados de uma empresa se tornarem *brand champions*, melhor será a estruturação e manutenção de uma eqüidade de marca forte. Por exemplo, Harley Davidson, Nike e Google têm merecida reputação como empresas de fortes *brand champions*. Ver Ambassadors.

> "Uma casa de marcas é como uma família, cada um tem que representar um papel e manter uma relação com os outros."
>
> Jeffrey Sinclair, Estrategista de Marcas

### Channel of Communication
### Canal de Comunicação

Os três componentes primários de qualquer programa de comunicação são mensagem, público e canal. Os canais são veículos de comunicação e incluem *websites*, folhetos, forças de vendas, televisão, rádio, jornais, palestras, publicações e assim por diante. A seleção dos canais apropriados é uma parte importante de qualquer estratégia, plano e ação de comunicação. Selecionar o canal significa determinar os meios mais eficientes e eficazes de atingir públicos-alvo com mensagens específicas.

### Chief Marketing Officer (CMO)
### Alto Executivo de Marketing

Título relativamente novo na hierarquia empresarial, o CMO geralmente é o responsável por toda a comunicação externa e tem a responsabilidade primária da execução da gestão de marcas. É amplamente aceito que o CEO, o alto executivo de operações, deveria ser o "dono" da marca, porém é o CMO que assegura a execução estratégica, criativa e consistente da estratégia da marca.

### Choice  Escolha

A escolha é a decisão feita pelos consumidores para selecionar uma determinada marca entre outras marcas com características, benefícios e custos similares. Um *conjunto de escolhas* é o grupo final de marcas entre as quais é feita a escolha do consumidor e um *modelo de escolha* é o esforço que procura compreender como os consumidores usam e combinam a informação sobre vários produtos ou serviços de forma que possam fazer sua escolha.

### Clutter  Amontoado

A enorme quantidade de anúncios e mensagens que competem pela atenção do consumidor no mesmo veículo ou local. De forma a pairar acima desse verdadeiro tumulto e confusão para fazer com que os benefícios do produto ou serviço sejam notados, são necessárias técnicas mais inovadoras e concentradas. A mídia tradicional já não é o bastante para proporcionar a penetração efetiva a fim de conscientizar e favorecer a escolha.

### Co-branding

Uma estratégia que alavanca duas ou mais marcas para formar uma oferta mais atraente do que elas poderiam fazer sozinhas. Para que isso tenha sucesso, no entanto, as duas marcas devem se complementar e ser promovidas em conjunto, aos consumidores identificados como prováveis beneficiários do arranjo.

### Cognitive Dissonance
### Dissonância Cognitiva

A chamada "dissonância cognitiva" é a sensação de ansiedade ou desconforto que segue uma decisão de compra e cria uma necessidade de auto-afirmação de que a decisão foi correta.

### Collateral  Material Colateral

Material impresso promocional de *marketing* e vendas. Muitas vezes são folhetos que comunicam informação importante a públicos-alvo de forma a aumentar a consciência, promover compras e/ou proporcionar ratificações de pós-venda.

### Color  Cor

A cor é um componente emocional e subjetivo do design e da comunicação de toda empresa. Mesmo que não se dêem conta disso, os consumidores tomam decisões de compra todos os dias baseados em sua atitude perante a cor. As pessoas tendem a identificar certas cores e os profissionais de *marketing* usam a cor para identificar uma marca, criar um universo cromático para essa marca, comunicar associações específicas e direrenciar uma marca da outra.

Notas:

**Um Fato da Marca:**
O *slogan* dos frangos de Frank Perdue "*it takes a strong man to make a tender chicken*" (é preciso um homem forte para produzir um frango tenro) foi traduzido para o espanhol como "é preciso um homem duro para fazer um frango afetuoso".

## Commodity

Nos termos econômicos, *commodities* significam todos os bens ou serviços, mercadorias ou produtos que não apresentem diferenciação. Na gestão de marcas, entretanto, um *commodity* é um produto ou serviço que tende a competir unicamente baseado em seus atributos funcionais. As marcas criam associações tangíveis e intangíveis que permitem diferenciações significantes entre as alternativas e, portanto, maior segurança e melhores retornos e lucros.

## Communication  Comunicação

A comunicação é a transmissão e troca de informação por meios escritos, orais, eletrônicos e similares. É também o processo de estabelecer uma compreensão comum de fatos, pensamentos e opiniões entre emissores e receptores.

## Communications Audit
### Auditoria de Comunicação

O exame de um portfólio de comunicação interna e externa em termos de sua aparência e sentido, tom de voz e a consistência de mensagem visual ou de qualquer outra forma. Essa ação proporciona uma compreensão das forças e fraquezas presentes na comunicação atual e indica onde estarão as oportunidades para as comunicações futuras.

## Community  Comunidade da Marca

A comunidade de uma marca é cada um que, dentro e fora de uma empresa, está de alguma forma envolvido com a construção da marca, desde departamentos internos, fornecedores e a mídia, até os consumidores, clientes em potencial e agências de propaganda e relações públicas.

## Competitive Advantage
### Vantagem Competitiva

O desempenho acima da média de uma empresa, produto ou serviço que resulta em lucros adicionais. Esses lucros adicionais são geralmente reinvestidos para manter uma vantagem contínua sobre os concorrentes.

## Competitive Landscape
### Panorama da Concorrência

Quase todas as marcas estão dentro de um ambiente competitivo que é constantemente modificado pelo tempo e pelas mudanças das preferências do consumidor. Um gerenciamento efetivo da marca requer que os proprietários examinem suas marcas regularmente e compreendam que as telas de radar podem não estar mostrando agora sinais da marca no futuro, mas estão mostrando os sinais que se tornarão desafios no futuro.

## Competitor  Concorrência

Marcas concorrentes são as que rivalizam umas com as outras para serem bem-sucedidas no mesmo mercado – marcas consideradas como alternativas viáveis pelos consumidores porque podem proporcionar satifações de forma quase igual. O *preço orientado pela concorrência* ocorre quando a empresa determina um preço baseando-se mais no que um concorrente poderoso cobra do que na demanda do consumidor ou nos custos de produção.

## Competitor Analysis
### Análise da Concorrência

Análise geralmente focalizada nos concorrentes mais próximos de uma empresa. O objetivo da análise é compreender os recursos, as práticas e os resultados que colocam um concorrente à parte. Estes podem ser estimulados, contornados ou marginalizados, baseados em ações estratégicas.

## Concept Development and Testing
### Desenvolvimento e Teste de um Conceito

Quando a descrição de um novo produto é apresentada aos compradores em potencial e a reação deles é registrada e, mais tarde, é mostrado um protótipo do produto e observada uma confirmação da reação. Ver Prototype.

## Conditioning  Condicionamento

Várias ações de *marketing* e de propaganda tomadas por uma empresa para desenvolver e estimular uma impressão favorável de sua marca em seus mercados. Isso requer comunicação consistente de forma a introduzir e instruir o consumidor no que diz respeito à marca e seus benefícios associados.

> "Cada empresa tem sua própria linguagem, uma versão própria de sua história (seus mitos) e seus próprios heróis e vilões (suas lendas), tanto históricos como contemporâneos."
>
> Michael Hammer

### Consideration Set
Conjunto de Consideração

A lista de marcas disponíveis em uma categoria pela qual os consumidores podem fazer uma escolha. Os consumidores a formam de maneira racional e deliberada, tendo em foco os aspectos funcionais da marca. Uma vez estabelecido, esse conjunto de considerações se mantém amplamente estável e segue sua própria versão da lei de retornos decrescentes, onde diminuem as escolhas quando mais marcas são acrescentadas.

### Consistency
Consistência

Na gestão de marcas, a consistência tem dois significados. Primeiro, refere-se à implementação da identidade visual e do tom de voz de uma marca através de todos os pontos de contato com o consumidor. A BMW é talvez o melhor exemplo de uma marca cuja identidade visual e tom de voz são consistentemente implementados em todo o mundo – desde o uso correto de seu logotipo até o design das lojas concessionárias. Segundo, a consistência é uma medida qualitativa e quantitativa da capacidade de uma marca em cumprir repetidamente aquilo que promete aos consumidores. Por exemplo, o produto da Coca-Cola é consistente tanto através do tempo como internacionalmente e os computadores Apple têm apresentado consistentemente a experiência de facilidade de uso que é dirigida ao mercado criativo.

### Conspicuous Consumption
Consumo Conspícuo

A notória necessidade de um consumidor exibir o seu poder de adquirir marcas de luxo é chamada de "consumo conspícuo" (entende-se por conspícuo aquele que é notável, ilustre, distinto). O termo foi desenvolvido pelo economista norte-americano Thorstein Veblen e agora está relacionado com marcas que simbolizam o *status* de um consumidor na sociedade. As marcas como símbolos de *status* se estenderam mais recentemente além das marcas de luxo para incluir ícones como Starbucks e Adidas, abraçadas por fiéis partidários.

### Consumer
Consumidor

O consumidor é o último usuário de mercadorias, idéias ou serviços, os quais ele adquire para uso e propriedade direta, não para vender ou por qualquer outra razão. O termo também refere-se ao tomador de decisão final e, nesse sentido, não diferencia se a pessoa é um comprador atual ou potencial.

### Consumer Choice Model
Modelo de Escolha do Consumidor

Uma interpretação que procura compreender como os consumidores usam e combinam informações sobre vários produtos ou serviços de forma que possam fazer escolhas entre eles. Identifica uma hirerarquia de tomadas de decisões abrangendo benefícios, imagem, preço, facilidade de uso e assim por diante.

### Consumer-perceived Risks
Riscos Percebidos pelo Consumidor

Informações de boca a boca sobre um produto, serviço ou marca. Tendem a se relacionar com eventos de desempenho e podem influenciar a percepção de risco para um consumidor antes dele decidir comprar ou não comprar.

### Consumer/Product Relationship
Relacionamento Consumidor/Produto

É a compreensão de como uma determinada marca está relacionada com as metas e valores de um determinado consumidor. O entendimento desse relacionamento é básico para o desenvolvimento efetivo de estratégias de *marketing*. A fidelidade é a última meta da gestão de marcas e pela compreensão desse relacionamento, os proprietários de marcas podem combinar a marca com o comprador de forma mais precisa.

> "Uma grande marca é uma história que nunca foi contada de forma completa."
>
> Scott Bedbury

### Consumer Products
### Produtos para Consumidores

Bens tangíveis produzidos para consumidores finais, não para serem negociados. De forma típica, os produtos para consumidores levam marcas fortes, são amplamentre anunciados e distribuídos por meio de reconhecidos canais de varejo. Os produtos para consumidores com boas marcas facilitam para os consumidores o processo da decisão tornando a escolha simplificada. No entanto, a concorrência nos mercados bem-estabelecidos é intensa, o que exige constante revitalização da marca.

### Consumer Profile
### Perfil do Consumidor

Levantamento que engloba todas as características de diferenciação demográfica, estilo de vida e personalidade dos consumidores em um determinado segmento de mercado. Os valores de marca podem ser mapeados por essas características distintivas para que uma comunicação mais precisa promova adoção e uso sustentado que levem à fidelidade.

### Consumer Purchase Process
### Processo de Compra do Consumidor

Todo o processo que um consumidor segue antes de tomar a decisão de compra de uma marca específica. Ele compreende:

- Consciência (compreensão de que tal marca existe).
- Interesse (aprender mais sobre o seu valor).
- Desejo (compreender a sua necessidade).
- Ação (tomar a decisão de compra).
- Avaliação pós-compra.

Os profissionais de *marketing* usam diferentes táticas para conduzir os consumidores ao longo desses passos. São necessárias medidas específicas bem-sucedidas em cada um dos passos para obter um entendimento claro da gestão de marca e das práticas de *marketing* efetivas e eficientes.

### Conversional Marketing
### Marketing de Conversão

Atividade projetada para levar os consumidores a mudarem seus pensamentos, idéias ou atitudes com respeito a um produto. Geralmente se consegue isso por ofertas a preço mais baixo e aumentando ou desenvolvendo designs especiais da propaganda e da promoção. O termo também significa a conversão de clientes potenciais qualificados em clientes ativos.

### Cooperative Advertising
### Propaganda Cooperativada

O acordo entre um fabricante e um varejista para veicular localmente anúncios e comerciais de produtos do fabricante, entendendo-se que o varejista será reembolsado no todo ou em parte pela veiculação e o nome do fabricante estará incluído nos anúncios e comerciais. A propaganda cooperativa pode também referir-se a um esforço conjunto entre duas ou mais empresas para concentrarem verba de propaganda com o objetivo de obter maior poder de compra. Nesse caso, os anúncios vão exibir os nomes e os benefícios de ambas as empresas. Do ponto de vista da gestão de marcas, a qualidade e a imagem dos dois participantes deve aparecer de forma igual e oferecer benefícios mútuos na comunicação.

### Copy  Texto

No contexto da gestão de marcas, o texto refere-se a palavras faladas em um comercial, ou às palavras escritas em anúncios, revistas, jornais ou qualquer veículo de comunicação de *marketing*. Os textos devem ser estimulantes, de impacto e de rápida compreensão devido à proliferação da comunicação e das mensagens no mundo dos negócios. Especificamente na gestão de marcas, os textos devem adotar um tom de voz diferenciado que ajude a causar associações imediatas e claras com a marca.

### Copyright  Direitos de Reprodução

O instrumento legal projetado para proteger o trabalho ou produto do uso sem autorização é denominado "*copyright*". É reconhecido por seu símbolo © e automaticamente assegura o controle do criador ou produtor, porém, exige que o trabalho seja tangível; isso significa que idéias não podem ter *copyrights*.

## Um Fato da Marca:

O fabricante escandinavo de aspiradores de pó Electrolux usou o seguinte *slogan* em uma campanha nos Estados Unidos: "*Nothing sucks like an Electrolux*". Literalmente, "Nada aspira como um Electrolux", mas também se pode entender "Nada é tão ruim como um Electrolux".

Notas:

### Copy Testing  Teste de Texto
Uma avaliação das reações do consumidor quanto à efetividade das mensagens de comunicação. Pode ser feita enquanto uma campanha está sendo desenvolvida (pré-teste), durante a veiculação da campanha ou depois que ela foi veiculada (pós-teste).

### Core Competences
### Competências Essenciais
As competências essenciais são o que uma empresa faz melhor, um conjunto particular das capacidades que mais contribuem para o seu sucesso, proporcionam a entrega de benefícios aos consumidores e dão à empresa vantagem competitiva. Geralmente são atributos intangíveis difíceis de serem imitados, formando assim uma parte importante nas características gerais únicas da marca.

### Corporate Identity
### Identidade Corporativa
A marca de uma corporação comunicada através da combinação do nome da organização com seus símbolos visuais (logotipo, cores, desenhos). A identidade corporativa ainda inclui todo um conjunto de elementos de apoio em sua comunicação, tais como: tom de voz, identidade sonora, identidade olfativa, comportamento e identidade gráfica.

### Council  Conselho
Um grupo de trabalho permanente dentro de uma empresa que orienta e gerencia a estruturação de uma marca, avalia o seu sucesso ou insucesso e age para reforçar e corrigir o que for necessário. Deve ser representativo de todos os participantes internos e não se limitar somente aos serviços de *marketing* e/ou consumidores. O conselho é mais eficaz quando tem poderes para fazer mudanças e quando responde ao CMO (alto executivo de *marketing*) ou equivalente.

### Counterfeiting
### Imitações e Falsificações
Ocorre quando uma empresa ou indivíduo produz um produto inferior e mais barato que se parece com um produto de uma marca líder, de maneira a enganar o comprador. Isso causa danos à marca verdadeira e é um fato significante que ocorre no mundo inteiro. Na China proliferam as imitações de marcas de luxo como Louis Vuitton.

### Country of Origin  País de Origem
O país onde se originou uma marca forte e de sucesso. Uma antiga teoria afirma que uma marca é parcialmente avaliada ou escolhida com base no lugar de onde ela vem – produtos finos de couro da Itália, por exemplo, ou relógios da Suíça. A teoria atual, no entanto, está mudando a importância do país de origem à medida que os consumidores dão mais peso à qualidade, conveniência e custo da marca.

### Creative Strategy  Estratégia Criativa
Delineamento da mensagem sobre a marca que as empresas querem levar aos públicos-alvo. Trata-se de um conjunto de princípios que orientam os diretores de arte e os redatores quando criam campanhas de comunicação em propaganda ou *marketing*. Às vezes, as estratégias criativas são denominadas *brand platforms* (plataformas de marcas).

### Credibility  Credibilidade
A credibilidade significa que os consumidores acreditam que uma marca cumpre o que promete. Ela é obtida principalmente por meio da consistência ao longo da existência da marca, mas também pode ser alcançada, a curto prazo, pela persuasão da comunicação. A credibilidade é comprovadamente o critério mais importante que uma marca pode ter. Qualquer arranhão na credibilidade tem impacto na reputação e eqüidade e vai prejudicar o desempenho financeiro de uma marca.

### Crisis Management
### Gestão de Crises
Um plano eventual bem ensaiado usado pelas empresas para dar resposta a ocorrências negativas inesperadas. Seu propósito é reduzir e controlar o impacto danoso de qualquer situação utilizando todos os veículos de comunicação à sua disposição. Uma marca forte pode contribuir para o controle de crises valendo-se dos valores acumulados pelo tempo para ajudar a sair-se bem da crise.

## Cult Brands  Marcas Cultuadas

São marcas que desfrutam da fidelidade daqueles consumidores que passaram da simples submissão para a devoção. Como aqueles que dirigem suas Harley Davidson diariamente para tomar um café na Starbucks. Esses devotos tendem a viver a marca e isso torna-se um aspecto integral em suas vidas. Elas também são chamadas de *marcas tribais*.

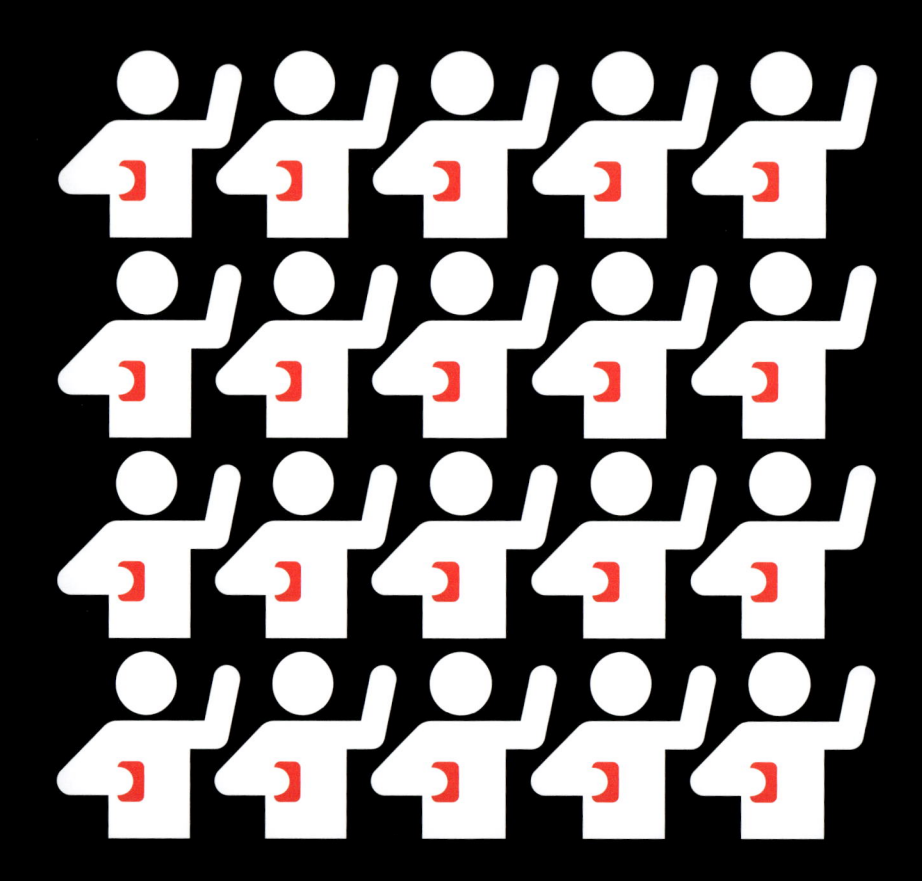

> "'Sou irresistível', digo enquanto coloco meu perfume de grife. 'Sou um banqueiro bem-sucedido', digo quando entro na minha BMW. 'Sou um garoto incorrigível', digo enquanto bebo uma cerveja extraforte. 'Sou belo e bonito', digo quando visto meu *jeans* Levi's."
>
> John Kay

### Critical Behavior Drivers
### Orientadores do Comportamento

São os aspectos mais importantes dos hábitos de compra e de comportamento do consumidor, usados pelas empresas de pesquisa de mercado para prognosticar as tendências futuras. Esses orientadores podem ser mapeados para identificar os atributos da marca que mostram uma ligação clara entre os desejos e as necessidades do consumidor e os benefícios e as associações da marca.

### Cross-selling  Venda Cruzada

A venda cruzada é uma forma de estimular os consumidores de um produto ou serviço a comprarem outros produtos ou serviços da mesma empresa (diferente de comprar mais do mesmo produto). A venda cruzada é projetada não somente para gerar renda, mas também para ampliar a confiança do consumidor pela empresa e assim diminuir a tendência de comprar um produto da concorrência. Isso é obtido mais efetivamente quando o produto ou serviço original tem uma marca conhecida e poderosa.

### Cult Brands  Marcas Cultuadas

Ver página 36

### Culture  Cultura

A cultura de uma empresa é a soma da história, das convicções, práticas, políticas e atividades que definem uma personalidade diferenciadora. A marca de uma empresa é parte de sua cultura e uma marca realmente tem cultura própria, representada pelas pessoas que trabalham para ela, por seu estilo de operação e por seu comportamento.

### Customer  Comprador

Às vezes usado de forma intercambiável com "consumidor", o comprador é alguém que realmente compra uma marca, produto ou serviço.

### Customer Acquisition
### Conquista do Consumidor

Processo de usar uma variedade de técnicas de *marketing* para conquistar consumidores que previamente desconheciam os produtos ou serviços de uma empresa. Colocado de forma simples, a meta de um programa para conquistar consumidores é transformar compradores potenciais em reais compradores. Convencer um consumidor a comprar é a meta do *marketing* – convencer um consumidor a continuar a comprar é a meta da gestão de marcas.

### Customer Characteristics
### Características do Consumidor

As características do consumidor referem-se a seus aspectos distintos, traços ou fatos demográficos, comportamentais e psicográficos. Incluem idade, sexo, poder aquisitivo, ocupação (demográficos), propensão à compra e à repetição de compras (comportamentais), a auto-imagem espelhada, atitudes perante a vida e assim por diante (psicográficos). Grupos de compradores que compartilham as mesmas características, ou que têm similaridades, tornam-se segmentos definidos, que podem ser efetivamente transformados em alvos para produtos e promoções relevantes às suas necessidades.
Ver Psychographic Segmentation

### Customer Defection
### Renúncia do Consumidor

A "renúncia dos consumidores" mede o tempo que se espera que um determinado consumidor ou grupo de consumidores permaneça fiel a um produto ou serviço e o tempo que efetivamente pode se esperar que gerem lucro. É uma consideração que calcula o valor do tempo de vida do consumidor.
Ver Lifetime Costumer Value

### Customer Relationship Management (CRM)  Gerenciamento do Relacionamento com o Consumidor

Este termo refere-se a um sistema de tecnologia e/ou um programa formal para gerenciar o relacionamento entre empresas e consumidores. O resultado que se pretende é um conhecimento amplo sobre segmentos-chave de consumidores e elaborar planos especiais para vender e prestar serviços a eles.

> "Não nos preocupamos tanto com a consistência de marca quanto com a consistência de proposição que flui em toda a nossa organização. Na realidade, não importa o que escrevemos nos guardanapos ou dizemos nos nossos anúncios, tudo o que importa é que quando você entra em uma loja Pret você encontra o conjunto de experiências que descrevem a Pret."
>
> Andrew Rolfe, da sanduicheria Pret A Manger

O CRM é projetado com foco nos consumidores mais lucrativos para facilitar as vendas cruzadas e *up-sellings* (atualizações e acessórios de produtos). Os bons gerentes de marca selecionam os dados desses sistemas para obter informações práticas que ajudam a orientar suas estratégias de marca.

### Customer Retention
Retenção de Consumidores

Este termo refere-se à porcentagem de consumidores que continuam fazendo negócios com uma empresa. Refere-se também a manter uma base de consumidores, estabelecendo boas relações com cada um que compra o produto da empresa.

### Customer Return on Investment
Retorno do Investimento no Consumidor

Este é o valor que uma companhia recebe quando investe na aquisição e retenção de consumidores. Componente crucial da analítica da marca, este cálculo ajuda a determinar o retorno nos investimentos de marca e de *marketing*.

### Customer Satisfaction/Dissatisfaction
Satisfação/Insatisfação do Consumidor

Satisfação é quando as necessidades, desejos e expectativas dos consumidores foram satisfeitos ou ultrapassados, enquanto a insatisfação é o oposto. A satisfação, no entanto, não significa necessariamente fidelidade, uma vez que uma empresa ou marca podem ter consumidores que ficaram satisfeitos somente uma vez.

### Customer Service
Atendimento ao Consumidor

É a comunicação, a entrega ou o acompanhamento pós-venda do público comprador. Nas melhores organizações, é a peça central de seus esforços. Esse atendimento é amplamente demonstrado por meio de funcionários que atendem diretamente os consumidores, mas também, cada vez mais, através de tecnologia amigável (como o telefone e a Internet). Infelizmente, em muitas organizações, o serviço ao consumidor é um departamento que lida somente com questões de reclamações ou resposta a perguntas e, assim, fica relevante a um número muito pequeno de consumidores.

### Customization  Personalização

É a adaptação de produtos e serviços para necessidades especiais de segmentos individuais de consumidores. É uma estratégia de negócios para articular a fidelidade atendendo de forma mais precisa por meio de produtos e serviços que tenham relevância.

Notas:

## Um Fato da Marca:

Para a Interbrand, as três tarefas principais de um proprietário de marca são:

1. Incorporar a marca em todas as palavras e ações.
2. Conhecer as fontes que sublinham o valor da marca e lidar com elas como qualquer bem de valor tangível.
3. Manter a marca constantemente relevante e diferenciada.

"O *marketing* é importante demais para ficar entregue ao departamento de *marketing*."

David Packard (escritor e crítico da sociedade de consumo)

> "As nações mais modernas detestam-se umas às outras e, na maioria das vezes, imitam o que as outras fazem; portanto, toda a concorrência é, por natureza, apenas um furioso plágio."
>
> Charles Dickens

### Database Marketing
Marketing de Banco de Dados

Forma de *marketing* direto que utiliza a tecnologia de banco de dados com informações sobre os consumidores (ou consumidores potenciais) para gerar comunicação personalizada com o propósito de promover um produto ou serviço. O *marketing* de banco de dados vale-se de técnicas estatísticas para desenvolver modelos de comportamento do consumidor, os quais são então usados para estabelecer alvos de consumidores ideais. Esta forma de *marketing* requer um significante empenho em manter a precisão dos dados.

### De-differentiation  Convergência

Fenômeno relativamente novo que descreve a quebra de obstáculos tradicionais entre indústrias que se unem e que anteriormente eram diferentes entre si. A *de-differentiation* ou convergência ocorre quando várias indústrias diferentes formam alianças ou negócios completamente novos com o objetivo de melhor servir os consumidores.

### Demographics  Dados Demográficos

Termo da estatística relacionado com dados sobre a população que geralmente indicam sexo, idade, estado civil, índices de nascimentos, índices de mortalidade, renda, educação e ocupação. Os dados demográficos são também usados de forma comum para identificar consumidores potenciais, porém às vezes são acrescidos de métodos mais específicos para entender melhor o comportamento do consumidor.

### Design

Ver página 43

### Design Elements
Elementos do Design

Os componentes individuais que compreendem a amplitude da expressão visual da marca. Podem também incluir imagens, fontes tipográficas, cores, formas, texturas, etc. Esses elementos funcionam em cooperação mútua para comunicar de forma geral a personalidade e a imagem da marca.

### Design Principles  Princípios de Design

O conjunto de objetivos e parâmetros que guiam a consistência no desenvolvimento da marca. Asseguram que os valores da marca sejam mantidos à medida que permitem certa liberdade criativa para ampliar o vocabulário visual da marca.

### Design to Cost  Custo do Design

No desenvolvimento de novos produtos, este é um enfoque que considera o custo como integrante do próprio design do produto, em vez de ser o resultado de um projeto formal completo. Neste caso, os custos deveriam estar baseados em projeções de quanto os compradores podem pagar e a natureza do panorama da concorrência. Isso ajuda a estruturar um *business case* antes de ser feito um investimento significativo.

### Differentiated Marketing
Marketing Diferenciado

Estratégia de mercado que tem por objetivo levar a mesma marca a muitos segmentos de mercado ao mesmo tempo, porém variando o *mix* de *marketing* para cada segmento. Essa estratégia leva em conta que cada segmento é único, de forma que a mensagem e o canal de comunicação vão requerer adaptações baseadas em preferências e normas.

### Differentiation  Diferenciação

O processo da identificação, da gestão de marca e da comunicação dos benefícios reais e emocionais que fazem um produto ou serviço diferenciados da concorrência, mesmo que as escolhas sejam aparentemente similares. A diferenciação está no coração da gestão de marcas para simplificar a escolha e proporcionar os benefícios tangíveis e intangíveis que guiam o processo de tomada de decisão.

Notas:

# Design

É o processo de criar e executar um plano para um novo produto, serviço ou idéia. Refere-se também a outras duas coisas: ao resultado final do projeto (na forma de um modelo, esboço, plantas técnicas ou outras descrições); ou ao próprio produto fabricado e acabado. Em todas as formas, o design é um poderoso método e componente da construção da marca – pode diferenciar, comunicar com mais eficiência e posicionar uma marca em seu ambiente competitivo.

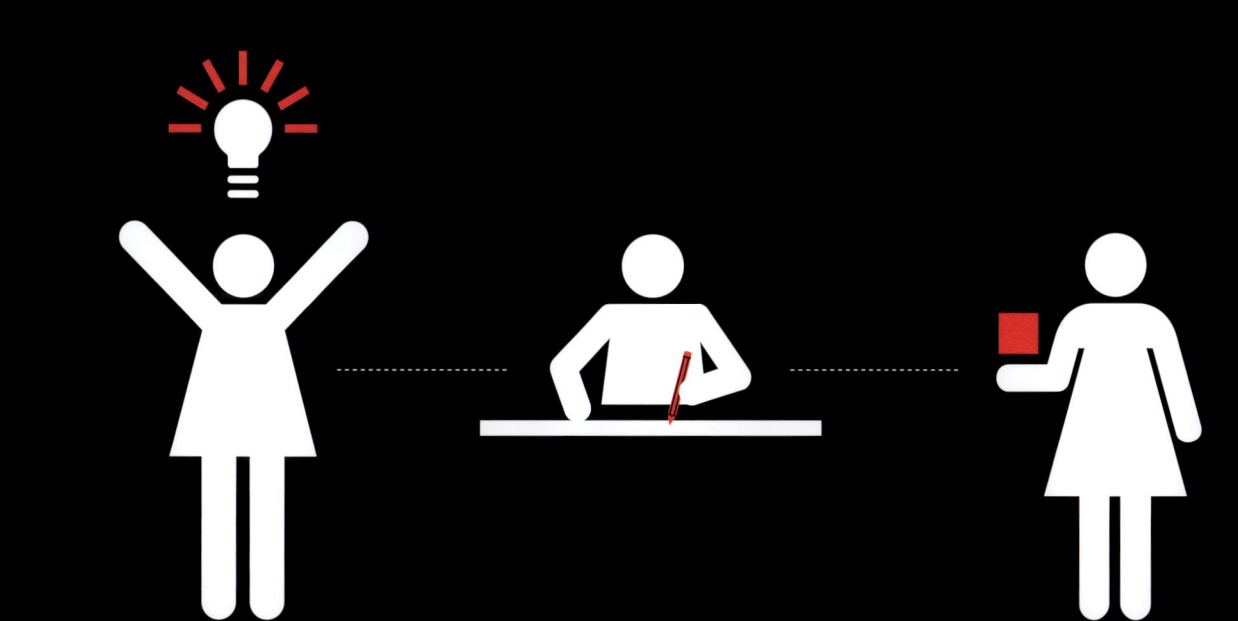

"Qualquer um pode procurar a moda em uma butique ou a história em um museu. A pessoa criativa procura a história em uma loja de ferragens e a moda em um aeroporto."

Robert Wieder (jornalista norte-americano)

### Differentiator  Diferenciador

Um diferenciador é o aspecto de uma empresa, produto ou serviço que a separa dos concorrentes. Pode ser uma diferença de desempenho (fatos e números, por exemplo) ou emocional (as imagens e associações relativas a uma empresa ou ao que é oferecido). Por muito tempo pensou-se que fosse necessário somente um diferenciador para garantir a vantagem competitiva, porém o pensamento atual expressa a diferenciação como um pacote de múltiplos diferenciadores que, quando apresentados em combinação, proporcionam real vantagem.

### Digital Brand Management
Gerenciamento Digital de Marcas

Esta é uma resposta à complexidade e à velocidade que o gerenciamento de marcas verdadeiramente globais requer. Na década passada, houve uma proliferação de instrumentos digitais para o gerenciamento de marcas com a finalidade de controlar a consistência e a distribuição de seus valores. Esses tomam a forma de intranets, aplicativos e provedores de serviços, bem como sistemas completamente terceirizados. Inicialmente, isto foi simplesmente a digitação de manuais de marcas tradicionalmente impressos, porém esses instrumentos cresceram para englobar bibliotecas de imagens, gabaritos de embalagens, gabaritos de propaganda e assim por diante. Esses sistemas funcionam melhor em grandes organizações onde muitas pessoas comunicam para os públicos a estratégia de marca. Proporcionam o controle da marca e ainda permitem a sua evolução à medida que ela atinge o mercado. Um provedor líder desses produtos e serviços é o BrandWizard.

### Direct Marketing  Marketing Direto

É uma forma de *marketing* que envia mensagens diretamente aos consumidores, usando uma mídia "endereçável" como o correio, o telefone e a Internet. O *marketing* direto, portanto, difere da propaganda convencional pelo fato de que suas mensagens não são colocadas na mídia terceirizada (como rádio, televisão ou *outdoor*). O *marketing* direto é atrativo para muitos profissionais do *marketing* porque, em muitos casos, sua efetividade pode ser medida diretamente. Contrastando com isso, a avaliação de outra mídia precisa muitas vezes ser indireta, uma vez que não existe a resposta direta do consumidor. Enquanto muitos profissionais gostam dessa forma de *marketing*, ela é às vezes criticada por gerar solicitações supérfluas, como correspondência indesejada e *spam*. O *marketing* direto usa vários canais – cupons, catálogos, correio, revistas de consumidores e de negócios, jornais, telefone e rádio para transmitir uma oferta cujo objetivo é causar uma resposta quase imediata. O *marketing* direto compreende uma oferta definida, toda a informação necessária para causar uma decisão de compra e um mecanismo de resposta que os consumidores possam utilizar com mínimo esforço e custo.

### Discontinuous New Product

Termo às vezes usado para descrever uma inovação – um produto que substitui de forma significativa produtos que já existiam na mesma área. Esses novos produtos encontram-se freqüentemente na área da tecnologia, onde mercados inteiramentre novos são criados em vez de simplesmente ampliar os já existentes.

### Diversion  Diversionismo

Um produto genuíno é vendido a um comprador em um determinado mercado ou canal e depois é revendido pelo mesmo comprador para outro mercado ou canal, sem o consentimento ou autorização do proprietário da marca, para obter vantagens de custo. Esta definição também se aplica a mercado paralelo, ou atividades de *gray market*, o denominado "mercado cinza". Embora eticamente criticável, o "mercado cinza" não é ilegal, como acontece com o mercado negro.

### Domain Name/Address
Endereço de Domínio/Nome de Domínio

A parte de um URL que especifica a fonte de um *website* ou *e-mail*. O nome de domínio em http://www.interbrand.com/services.asp é www.interbrand.com. Nomes de empresas são melhores para lidar, porém nomes de produtos ou genéricos como brand.effectiveness.com também podem redirecionar quem está navegando ao acaso para o URL principal. Ver URL ou Uniform Resource Locator

Notas:

## Um Fato da Marca:

No ranking da Best Global Brands (Melhores Marcas Globais) de 2005, as 10 marcas mais valiosas chegavam, combinadas, aos 390 bilhões de dólares.

e

> "Empresas que desfrutam de sucesso duradouro têm valores e propósito centrais de núcleo que se mantêm imutáveis enquanto suas estratégias e práticas estão se adaptando de forma contínua às mudanças do mundo."
>
> James Collins

### 80:20 Rule  Regra 80x20
Uma regra prática citada com freqüência declarando que 80% de vendas (ou 80% de lucros) vêm de 20% dos consumidores.

### End-of-Isle (or End-Cap) Display  Display de Ponta de Gôndola
São as localizações mais disputadas para a exposição de mercadorias nas lojas de varejo, especialmente nos supermercados. Como o nome sugere são *displays* colocados no final dos corredores de prateleiras, onde eles se destacam e têm ótima visibilidade. Os *displays* de ponta de gôndola geralmente provocam acentuado aumento na compra espontânea ou nas promoções do tipo "pegue e leve".

### Endorsed Brand  Marca Endossada
Uma marca que leva o endosso de uma marca-mestra (ou da empresa mãe). Por exemplo, Chips Ahoy! Here, Chips Ahoy! (a marca endossada) promete um sabor especial, enquanto Nabisco (a marca-mestra) oferece o endosso da qualidade, tradição e experiência que possui na área de alimentos. A marca-mestra é alavancada para comunicar o valor e experiência que fortalecem a sugestão da marca endossada.

### Essence  Essência
A essência é um conjunto de atributos intangíveis e de benefícios, as características-núcleo que definem e diferenciam uma marca. Uma maneira fácil de compreender a essência é imaginar que a marca é uma pessoa que você procura descrever – o que define essa pessoa e o que a torna diferente das demais pessoas.

### Every Day Low Pricing (EDLP)  Preço Baixo Todos os Dias
Uma estratégia de vendas de varejo que tem por objetivo criar um tráfego consistente de compradores tendo como base os preços baixos. O EDLP cresceu em importância em função das habilidades da Wal-Mart em negociar preços baixos com os fornecedores, o que tornou-se um dos principais núcleos na estratégia de vendas. As estratégias de colocar preços baixos em períodos curtos, como em datas promocionais eventuais, muitas vezes confundem e irritam os compradores, enquanto o EDLP proporciona clareza e consistência na experiência de compra.

Notas:

## Um Fato da Marca:
Existem mais de 886.000 membros no Grupo dos Proprietários de Harley-Davidson, que é patrocinado pela companhia. Eles organizam excursões, cursos de treinamento e eventos sociais e filantrópicos.

# Experiential Mapping  Mapeamento de Experiências

Uma prática que procura dar forma às interações projetadas pelo consumidor que são a soma de sua experiência geral quando ele lida com uma marca. São detalhados todos os pontos de contato, freqüências e situações para assegurar que a marca não vai decepcionar. É um processo sofisticado que administra risco e recompensa ao mesmo tempo que identifica novas áreas para a marca superar ofertas competitivas.

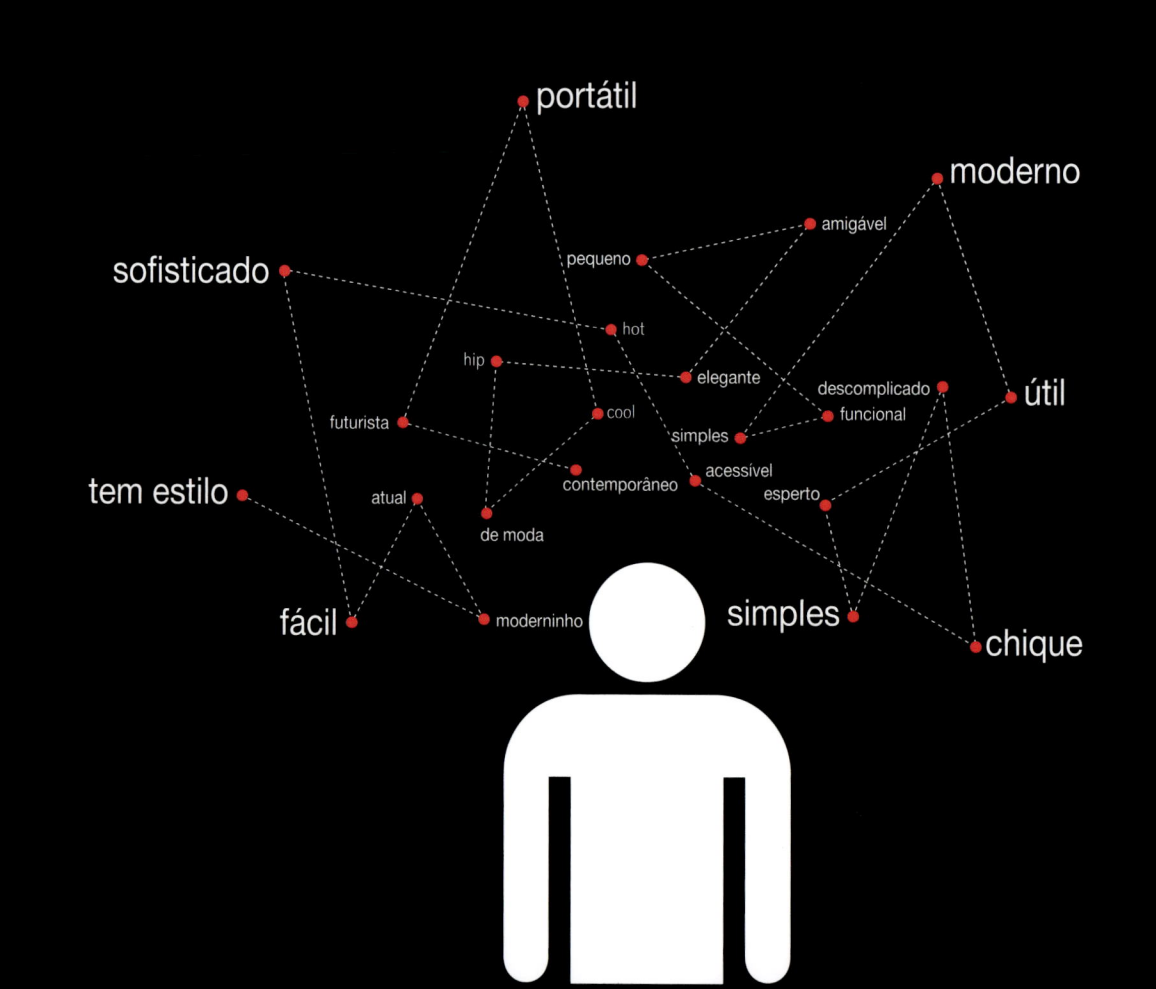

portátil
moderno
amigável
pequeno
sofisticado
hot
hip
elegante
descomplicado
útil
futurista
cool
funcional
simples
tem estilo
acessível
atual
contemporâneo
esperto
de moda
fácil
moderninho
simples
chique

> "Mostre-me uma grande empresa e mostrarei que ela tem mudado radicalmente e está aguardando a oportunidade de fazê-lo novamente."
>
> Lawrence Bossidy

### Exclusion Zone  Área de Exclusão
A área ao redor de um elemento, tal como em um logotipo, que deve permanecer clara. É documentada e definida nas normatizações do design com as determinações racionais. Também chamada de área de domínio, espaço vazio, espaço livre, área de controle e zona livre.

### Expectation  Expectativa
É a suposição que os consumidores já tenham formado uma opinião sobre uma marca, mesmo antes de experimentá-la. Essas expectativas são o limite mínimo que a marca precisa ultrapassar. Se não o fizer, os compradores ficarão decepcionados e poderão passar sua opinião a outros prováveis compradores, influenciando de forma negativa a decisão de compra.

### Experience  Experiência
Ocorre quando os consumidores são expostos a vários atributos da marca. Uma experiência de marca bem-sucedida acontece com a exposição aos aspectos mais positivos de uma marca, o que pode ocorrer em uma loja, através de anúncios e *websites* ou pelo boca a boca. O aspecto crítico é fazer a experiência combinar ou ultrapassar as expectativas do comprador tendo como base as promessas feitas pela comunicação.

### Experiential Mapping  Mapeamento de Experiências
Ver página 54

### Experiential Marketing  Marketing de Experiências
Enfoque que procura causar uma forte resposta emocional em potenciais compradores com relação a um produto ou serviço. São exemplos típicos os comerciais de turismo que mostram uma praia maravilhosa e um pôr-do-sol espetacular, ou os anúncios de jóias que sugerem romance e amor eterno.

### Extension  Extensão
O uso de um nome de marca existente (e bem-sucedido) para ajudar o lançamento de um produto ou serviço em uma nova área ou categoria de mercado. Uma vez que a marca original tem associações fortes e positivas, bem como um alto nível de consciência, a decisão do uso pode implicar em risco, porque se o novo empreendimento não for bem-sucedido, pode ofuscar a marca original.

Notas:

# "O boca-a-boca é a melhor de todas as mídias."

Bill Bernbach (publicitário norte-americano)

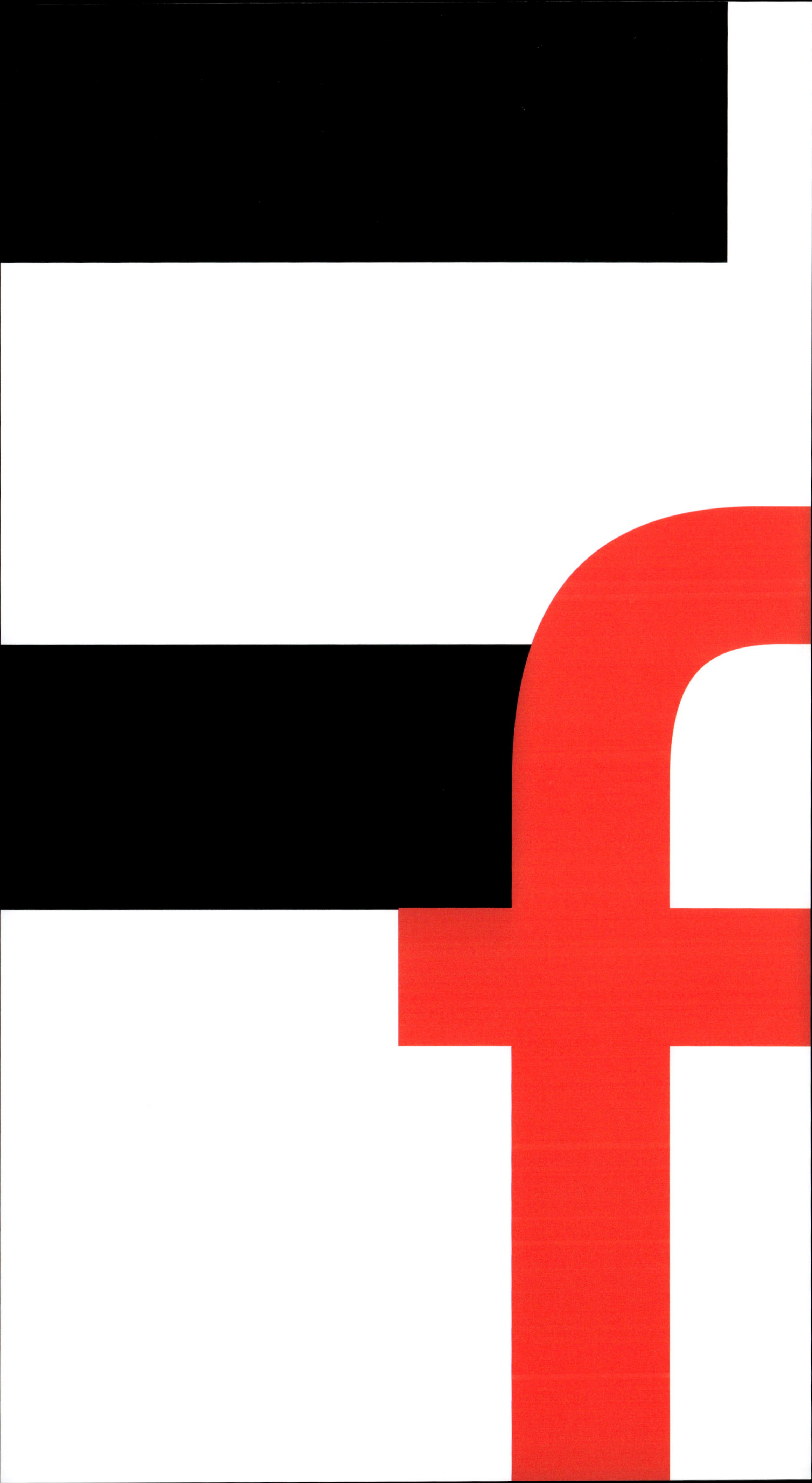

> "O pensamento criativo pode significar simplesmente a certeza de que não há virtude alguma em fazer as coisas da maneira como sempre foram feitas."
>
> Rudolph Flech

### Flanker Brand  Marca de Flanco

Produto introduzido por uma empresa em um mercado no qual já está estabelecida. O objetivo de uma *flanker brand* é aumentar, de forma ampla, a participação de mercado em uma categoria particular e agressivamente sobrepujar a concorrência.

### Focus Group  Grupo de Foco

Grupo de pessoas reunido para discutir um assunto, idéia ou produto. Os grupos de foco são uma peça importante da pesquisa de mercado e o seu sucesso geralmente depende da qualidade e da experiência do facilitador (mediador).

### Four P's (Product, Price, Promotion, Place)  Os Quatro Ps (Produto, Preço, Promoção, Praça)

Um conceito muito conhecido que explica os componentes vitais do *marketing*. No entanto, é agora considerado como uma abreviação simplificada, porque os Quatro Ps foram ampliados para incluir outros Ps, entre eles os serviços pré-compra e pós-compra. Ver Seven P's.

### Franchise  Franquia

A franquia é o entendimento contratual e legal entre um fornecedor e um ou mais varejistas independentes. O franqueado recebe um nome de marca estabelecido e assistência de operação, enquanto o franqueador recebe um pagamento e um certo controle sobre a execução do negócio.

### Freestand Brands
Marcas Independentes

Marcas que as empresas usam quando querem maximizar o impacto de um portfólio de marcas alavancando cada uma das marcas com pequena ou nenhuma conexão com a marca-mestra (marca-mãe) ou outras marcas (às vezes concorrentes) da mesma empresa. Por exemplo: Pantene e Pert Plus são marcas independentes da Procter & Gamble que estão na mesma categoria de xampus.

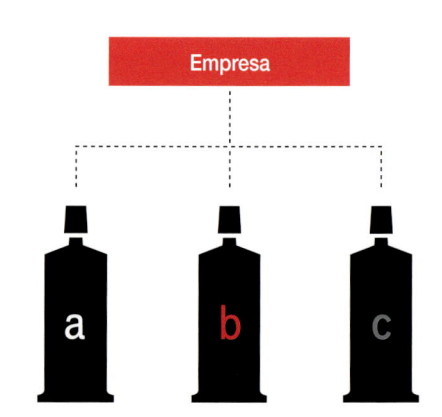

Notas:

# Um Fato da Marca:
Consumidores de multicanais gastam 20 a 30% a mais de dinheiro, em média, do que os de canal único, de acordo com a McKinsey & Company.

## Um Fato da Marca:

De acordo com a Tivoli Partners e a Interactive Marketing & Research, 12% das empresas gastam 75% ou mais de seus orçamentos na retenção de consumidores.

Gg

**Um Fato da Marca:**
A consultoria de pesquisas Spencer Stuart fez um levantamento mostrando que a permanência média do CMO (alto executivo de marketing) no cargo é de menos de 24 meses.

Notas:

## Gap
Cada empresa desenvolve estratégias comerciais para suas marcas e cada consumidor tem, individualmente, experiências com essas marcas. O *gap* ocorre quando existe uma distância ou diferença, causando uma brecha, entre a estratégia dos negócios e a experiência do consumidor. É óbvio que as empresas desejam que esse *gap* seja o menor possível.

## Generic Brands  Marcas Genéricas
Produtos sem marcas oferecidos pelos varejistas, usualmente a custo mais baixo do que produtos similares que possuem marcas. De início, os genéricos tinham embalagens, propaganda e apoio promocional mínimos, porém agora estão obtendo maior apoio e oferecendo maior concorrência. Os consumidores têm sido conscientizados que a qualidade dos genéricos rivaliza com a de produtos similares que têm marcas e um número maior de consumidores está comprando os genéricos, mesmo que as impressões não sejam de primeira ordem.

## Generic Name  Nome Genérico
Um nome de marca que se tornou associado muito mais com uma categoria de produto do que com uma determinada marca. Kleenex, por ser muito bem conhecido, é um exemplo óbvio de nome genérico para lenços de papel.

## Generic Strategy  Estratégia Genérica
Michael Porter, da Harvard Business School, desenvolveu a teoria que existem três estratégias básicas para qualquer organização – liderança de custo, diferenciação e foco. Porter inicialmente argumentou que uma organizasção deve focalizar uma dessas três estratégias para obter vantagem. Recentemente, no entanto, a evidência tanto incidental como empírica demonstra que a causa do sucesso nas organizações é a combinação das três.

## Global Branding
Gestão de Marcas Global

Ver página 59

## Goodwill
Uma característica intangível que compreende o valor da marca e outros bens de valor, como o atendimento ao consumidor e a moral elevada dos empregados, que são considerados antecipadamente para representar um maior poder de lucro. O *goodwill* geralmente não tem o seu poder de influência reconhecido e os princípios da administração contábil dizem que ele desaparece depois de um determinado período de tempo.

## Gradient  Gradação
A progressão tonal de uma cor específica em direção à cor seguinte.

## Graphic Design  Design Gráfico
Design gráfico é o processo de diagramar textos e imagens para comunicar uma mensagem ou tornar claro o seu entendimento. É aplicado em quase todos os meios de comunicação, desde jornais, revistas, meios digitais, até o cinema, animação e embalagens. O design gráfico bem-sucedido leva em conta os públicos-alvo e a hierarquia apropriada da mensagem. A criatividade e a diferenciação são utilizadas para obter o enfoque entre as comunicações concorrentes e ganhar uma consciência firme no mercado. O design gráfico é um aspecto valioso na gestão de marcas.

## Grid Systems  Sistemas de Malhas
Uma estrutura do design que deve ser seguida na informação gráfica. Refere-se também ao *layout* das páginas, gabaritos de estilos, grades de imagem e outras formulações gráficas que criam um sistema de organização da informação.

# Global Branding  Gestão de Marcas Global

Marca global é aquela disponível em muitas nações e, ainda que possa ser diferente de país para país, tem em suas versões locais os mesmos valores e uma identidade gráfica similar. São iniciativas da gestão de marcas que mantêm consistência, mesmo que sejam adaptadas para as linguagens, costumes, práticas de negócios e comportamento dos consumidores locais.

# "Marcas bem-administradas continuam a viver – somente os maus administradores de marca morrem."

George Bull (escritor, tradutor e jornalista inglês)

> "A sua marca é criada a partir do contato com os consumidores e da experiência que os consumidores têm com você."
>
> Stelios Haji-Ioannou, Diretor, EasyGroup

### Harmonization  Harmonização
A segurança de que todos os produtos de uma determinada classe de marcas têm um nome consistente, identidade visual e, de forma ideal, um bom posicionamento dentro de vários mercados geográficos ou entre vários produtos e serviços.

### Harvesting  Declínio
O *harvesting* ocorre quando as vendas de uma marca começam a declinar e as empresas reduzem lentamente o seu investimento no *marketing*, até chegar a um mínimo ou mesmo terminar com ele. Essas empresas dependem da fidelidade dos consumidores da marca para sustentá-la enquanto o dinheiro disponível é destinado para outras finalidades. O *harvesting* da marca geralmente precede a eliminação total dessa marca.

### Hero Pieces  Exemplos de Aplicações
Uma seleção de peças de comunicação que mostram o melhor uso da identidade visual, exemplificando as melhores aplicações. São registradas nos manuais de uso das marcas e com frequência não são estáticas já que a marca e seus componentes visuais ou verbais evoluem para manter e destacar a relevância e a diferenciação.

### Hierarchy  Hierarquia
Descrita de forma simples, a hierarquia é a ordem das coisas – o que vem primeiro, o que segue e o que vem depois. Este termo pode ser aplicado à arquitetura da marca (isto é, o nome corporativo, a divisão e a unidade de operação); à estrutura organizacional (quem responde a quem); ou ainda, de forma mais interessante, às necessidades (por exemplo, é mais importante para os consumidores que seus problemas sejam resolvidos com rapidez do que conseguirmos 100% de sua aceitação).

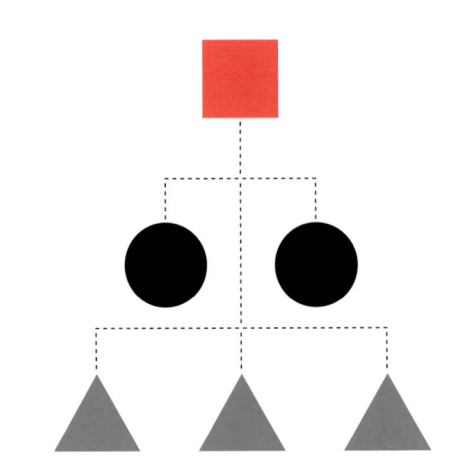

### Homepage
A primeira página ou tela que aparece em um *website*. É o ponto de entrada no site e cumprimenta os visitantes, fornece informações sobre o site ou seu proprietário e apresenta uma "tabela de conteúdos" que leva os visitantes para as páginas de sustentação que estão vinculadas. Oferece excelente oportunidade para a marca comunicar seus diversos benefícios graficamente, por meio de textos ou de forma interativa.

Notas:

**Um Fato da Marca:**
De acordo com a Booz Allen Hamilton, 66% dos executivos dizem que uma verdadeira análise dos índices ROI (retorno sobre o investimento) é a maior necessidade do *marketing*.

"O valor de mercado da marca é a soma de todos os corações e mentes das pessoas que entram em contato com a sua empresa."

Christopher Betzter

**Um Fato da Marca:**

79% dos profissionais de marcas pesquisados pelo Brandchannel acreditam que a inscrição "Made in China" ofende as marcas chinesas. As três principais conotações provocadas são: barato, pobre em valor e pobre em qualidade.

Notas:

## Icon  Ícone

Um ícone é o símbolo gráfico de uma marca e sua finalidade é ficar profundamente encrustado na mente dos consumidores. A moça do leite condensado, o brasão da Harley Davidson e o "zás" da Nike são ícones da marca que estão indelevelmente gravados no consciente e no subconsciente dos consumidores. Os ícones são bens extraordinários, com valor incrível, no entanto requerem atualização constante para que neles sejam infundidos novos e relevantes significados.

## Identification Decisions  Decisões de Identificação

São as decisões sobre a identidade da marca que uma empresa toma para um produto. Geralmente, a escolha é feita entre quatro alternativas – nomes de marca simples (Cheerios), nomes de linhas de produtos (utensílios de cozinha Cuisinart), nomes de marcas corporativas (anti-séptico bucal Scope) e nome de uma família corporativa (caldo de galinha Knorr).

## Identity  Identidade

A expressão que é emanada por uma marca. Isto abrange tudo, desde o seu nome, sua aparência visual até à sensação dos seus sons, sentidos, olfatos e gostos. A identidade da marca é um meio fundamental para o reconhecimento pelo consumidor e simboliza os seus pontos de diferenciação. Representa um conjunto de associações fora do comum que afetam como uma marca é registrada na mente dos consumidores. A identidade, no entanto, é uma meta estratégica (enquanto a imagem é a percepção real que o consumidor tem sobre uma marca). O objetivo, obviamente, é que a identidade e a imagem sejam a mesma.

## IDMetrics

Uma metodologia de pesquisa quantitativa e qualitativa de propriedade da Interbrand que busca assessar as identidades visuais existentes e potenciais de marcas em termos de aplicabilidade, credibilidade e fortes associações positivas e negativas, assim como sua adequação de conceito. São identificados os pontos de relevância e de desconexão da marca com os públicos, como também a adequação e extensão de cada identidade com a estratégia da marca.

## Image  Imagem

A imagem é a impressão geral e o conjunto único de associações que uma empresa ou marca comunica ao público. Ela é obtida através da propaganda, *websites*, folhetos, relatórios anuais, logotipos, símbolos, etc. Ainda que nem sempre seja concreta, a imagem é muito poderosa. O termo tornou-se popular quando a pesquisa começou a deixar claro que a imagem influencia as compras dos consumidores.

## Image Library  Biblioteca de Imagens

Arquivos de fotografias, ilustrações, fitas de vídeo ou filmes disponíveis para uso por qualquer pessoa por um preço determinado ou, se estiverem em domínio público, sem pagamento. Uma biblioteca de imagens pode ser tanto uma empresa que está no ramo com fins lucrativos, ou organizações não-lucrativas (como uma biblioteca, por exemplo) que oferecem coleções de imagens como um serviço público.

## Impact Model  Modelo de Impacto

Ver página 67

## Impression  Exposição

A definição técnica para descrever o número total de exposições de um anúncio, em um período de tempo especificado, para um determinado público. É uma medida usada para determinar se um público-alvo desejado está absorvendo ou manifestando reações a um anúncio específico.

# Impact Model  Modelo de Impacto

Estrutura desenvolvida pela Interbrand (e de sua propriedade) que faz a conexão da estratégia de marca com os processos criativos e de implementação. O modelo responde a uma seqüência de quatro perguntas fundamentais – quem, o que, por que e como. Quem são os alvos de maior prioridade que conduzirão a lucros e crescimento? O que temos como promessa almejada que é única na marca? Por que o público-alvo acreditaria nessa promessa – agora e no futuro? Como trazer internamente e externamente a proposição de valor? Recentemente foi acrescida ao modelo uma quinta pergunta – por quanto? Esta última questão quantifica os resultados e expressa um componente de retorno no investimento de marca.

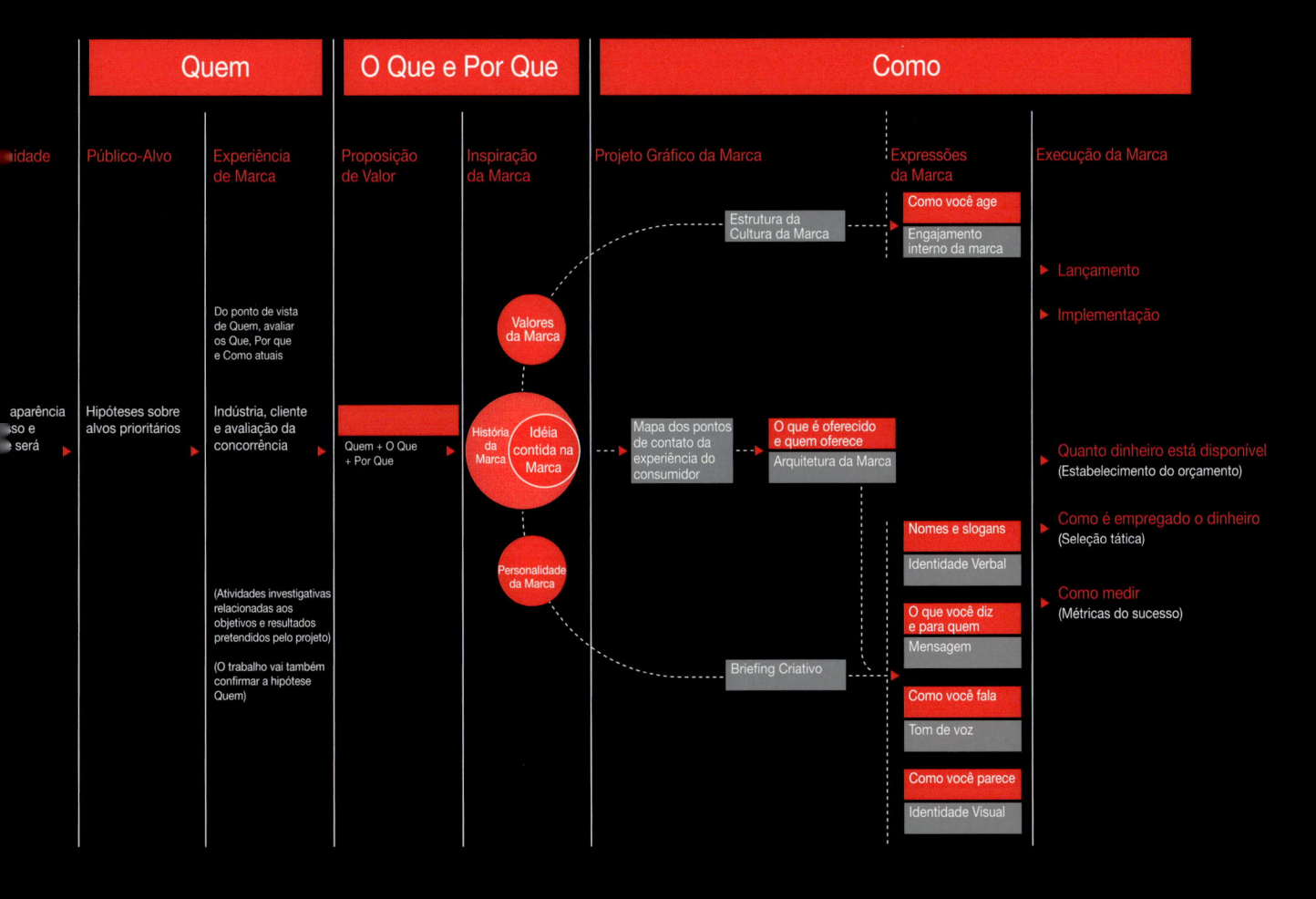

| Quem | O Que e Por Que | Como | |
|---|---|---|---|
| Público-Alvo / Experiência de Marca | Proposição de Valor / Inspiração da Marca | Projeto Gráfico da Marca / Expressões da Marca | Execução da Marca |

**Quem:**
- Público-Alvo: Hipóteses sobre alvos prioritários
- Experiência de Marca: Do ponto de vista de Quem, avaliar os Que, Por que e Como atuais; Indústria, cliente e avaliação da concorrência; (Atividades investigativas relacionadas aos objetivos e resultados pretendidos pelo projeto); (O trabalho vai também confirmar a hipótese Quem)

**O Que e Por Que:**
- Proposição de Valor: Quem + O Que + Por Que
- Inspiração da Marca: Valores da Marca; História da Marca / Idéia contida na Marca; Personalidade da Marca

**Como — Projeto Gráfico da Marca:**
- Estrutura da Cultura da Marca
- Mapa dos pontos de contato da experiência do consumidor
- Briefing Criativo

**Expressões da Marca:**
- Como você age / Engajamento interno da marca
- O que é oferecido e quem oferece / Arquitetura da Marca
- Nomes e slogans / Identidade Verbal
- O que você diz e para quem / Mensagem
- Como você fala / Tom de voz
- Como você parece / Identidade Visual

**Execução da Marca:**
- Lançamento
- Implementação
- Quanto dinheiro está disponível (Estabelecimento do orçamento)
- Como é empregado o dinheiro (Seleção tática)
- Como medir (Métricas do sucesso)

**Um Fato da Marca:**

A empresa IDC CMO Advisory pesquisou os Top 5 Marketing Measurement Mandates do CEO (os cinco principais encargos do alto executivo de operações):

- Medição consistente do ROI (retorno sobre o investimento) de *marketing*.
- Medição da consciência e da reputação de marca.
- Medição consistente da geração de liderança.
- Acompanhamento e medição aperfeiçoada de gastos em *marketing*.
- Programas que levem ao aumento de rendas.

### Impulse Buy  Compra por Impulso

É a compra espontânea feita sem programação ou pesquisa prévia sobre os benefícios de um produto ou serviço. Muitas vezes ocorre com mercadorias disponíveis nas caixas registradoras dos supermercados.

### Inform-Engage-Align  Informa-Engaja-Alinha

Ver página 69

### Innovation  Inovação

Qualquer enfoque novo no design, produção ou *marketing* pode ser chamado de inovação. As inovações usualmente proporcionam ao inovador grande vantagem sobre a concorrência porque novos produtos podem ser oferecidos baseados em uma demanda já estabelecida ou novos mercados podem ser abertos. As inovações, por si só, são altamente diferenciadas o que possibilita o sucesso das marcas.

### Innovation-Based Culture  Cultura Baseada na Inovação

No sentido do *marketing*, inovação significa o lançamento no mercado de novos produtos, idéias ou serviços; produtos novos que sejam diferenciados ou que os consumidores percebam que são diferentes. Esses produtos podem ser tanto o aperfeiçoamento de um produto existente ou um produto inteiramente novo. A inovação é um componente essencial do crescimento de uma empresa a longo prazo e uma cultura baseada na inovação é aquela na qual todos compreendem a sua realidade e a sua objetividade. A comunicação da inovação é um ponto crítico para assegurar a continuidade da relevância da marca aos públicos almejados.

### Intangible Assets  Ativos Intangíveis

Ativos intangíveis, tais como *goodwill*, marcas registradas, patentes, expertise de gerenciamento, marcas, *copyrights*, fórmulas etc., não têm substância física, mesmo assim são reconhecidos como decisivos na criação de valores. Cada vez mais a maioria dos valores no mundo dos negócios deriva dos ativos intangíveis e a marca é um dos mais importantes deles devido ao seu impacto econômico de longo alcance. As marcas têm uma poderosa influência sobre os consumidores, empregados e investidores e em um mundo de escolhas abundantes, tal influência é decisiva para o sucesso comercial e para a criação de valores que beneficiem os acionistas.

Até recentemente, os ativos intangíveis não eram reconhecidos nos balanços das empresas, uma vez que a maioria deles era gerada internamente e portanto careciam de uma avaliação de mercado perceptível e objetiva. O reconhecimendo do valor dos intangíveis veio tanto com o aumento contínuo do gap, ou brecha, entre os livros contábeis das empresas e suas avaliações no mercado de ações, como também pelo acentuado aumento na aquisição de produtos mais caros no final dos anos 1980. Isto levou ao reconhecimento do valor dos ativos intangíveis nas combinações de negócios comerciais. Hoje, a maioria dos sistemas de administração contábil admite o reconhecimento de ativos intangíveis no balanço.

### Integrated Brand Communication  Comunicação Integrada de Marca

Isto significa assegurar a eficiência e a eficácia de uma marca e do *mix* de *marketing* para dirigir uma mensagem específica a um público desejado. É tanto um processo como um plano que considera as necessidades do público-alvo, as mensagens-chave a serem transmitidas e os canais mais apropriados para comunicá-las. Os canais podem incluir vendas, promoção, relações públicas, propaganda, etc.

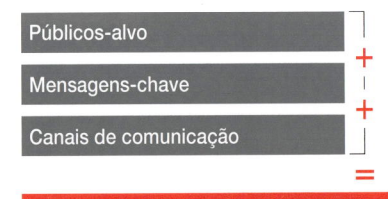

| Públicos-alvo |
| --- |
| Mensagens-chave |
| Canais de comunicação |

= **Comunicação integrada de marca**

# Inform-Engage-Align  Informa-Engaja-Alinha

Um enfoque empregado pela Interbrand para estabelecer o alinhamento da marca internamente na empresa. Consiste de três fases primárias:
- Informa – os empregados são comunicados a respeito da marca, o que lhes dá uma compreensão de primeiro nível.
- Engaja – a compreensão dá caminho à ação e à demonstração de forma que os empregados acreditem na marca.
- Alinha – os valores e os objetivos da marca são incrustados no processo dos negócios e na prática dos recursos humanos para induzir os empregados a viverem a marca.

**Viva a Marca**
- Políticas de Relações Humanas
- Medição de Desempenho
- Recompensas e Reconhecimento

**Acredite Nela**
- Seminários de Marca
- Programa de Embaixadores da Marca

**Conheça-a**

**Informe**
- Pré-lançamento
- Lançamento Interno

**Engaje**
- Workshop de Marca
- Treinamento da Marca

**Alinhe**
- Operações
- Processos de Negócios
- Treinamento e Educação

**Idéia da Marca**

**Valores da Marca**

> "Bons clientes são um ativo que, quando bem administrado e atendido, vai gerar por toda a vida um belo fluxo de lucros para a empresa."
>
> Philip Kotler (pesquisador, consultor e escritor norte-americano na área de *marketing*)

### Integrated Marketing Communications
### Comunicação Integrada de Marketing

O gerenciamento de todas as comunicações de *marketing* (propaganda, promoção, vendas, relações públicas e *marketing* direto) como um todo coeso e não como uma série de ações isoladas. Essa integração assegura a clareza, a consistência e o máximo impacto da mensagem de uma marca.

### Intelectual Assets
### Ativos Intelectuais

Ativos empresariais não-físicos que podem incluir expertise, conhecimentos, patentes, programas de pesquisa e desenvolvimento, bem como sistemas de gestão do conhecimento.

### Intelectual Property
### Propriedade Intelectual

Ativos intangíveis tais como patentes, marcas registradas ou *copyrights* cujo valor resulta de conhecimento, descobertas, invenção ou criatividade. A propriedade intelectual pode abranger novos produtos, como software, livros, formatos de exibição de jogos eletrônicos, direitos de transmissão para eventos esportivos na televisão ou até mesmo processos de fabricação.

### Interactive Marketing
### Marketing Interativo

Método que combina os princípios tradicionais de *marketing* com as técnicas da Internet de forma que os compradores possam interagir com qualquer pessoa que lhes envie uma mensagem de *marketing* ou de vendas. A interação pode ocorrer por meio de uma pergunta, preenchimento de um formulário ou realização de uma compra. Se a empresa não tiver ela própria essa facilidade de *marketing*, pode contar com uma consultoria especializada em *webdesign* e para seu desenvolvimento, uma consultoria em propaganda e *marketing* pela Internet, como também com uma consultoria em *e-business*.

### Interviewing  Entrevistas

Entrevistar é fazer perguntas para obter idéias, informações ou opiniões. Um estudo por entrevista é uma técnica usual de pesquisa de *marketing* com o propósito de reunir dados. As pessoas convidadas a participar geralmente preenchem um questionário, respondem por telefone ou são entrevistadas pessoalmente.

### Investor Relations
### Relações com Investidores

Na maioria das sociedades anônimas médias e grandes, as relações com os investidores é tanto uma atividade como um departamento. Proporciona aos acionistas existentes e potenciais informações precisas sobre a empresa e seu desempenho financeiro. Ajuda os investidores a ficarem bem informados para tomar decisões de compra e venda de ações. Nos últimos anos, as relações com investidores abraçaram a força das marcas para atrair as comunidades de investimento e para representar de forma mais precisa o valor de suas empresas e marcas.

Notas:

## Um Fato da Marca:

De acordo com a revista *Advertising Age*, o Omnicom Group é a maior organização de *marketing* do mundo, com uma receita de 10,4 bilhões de dólares em 2005.

Ji

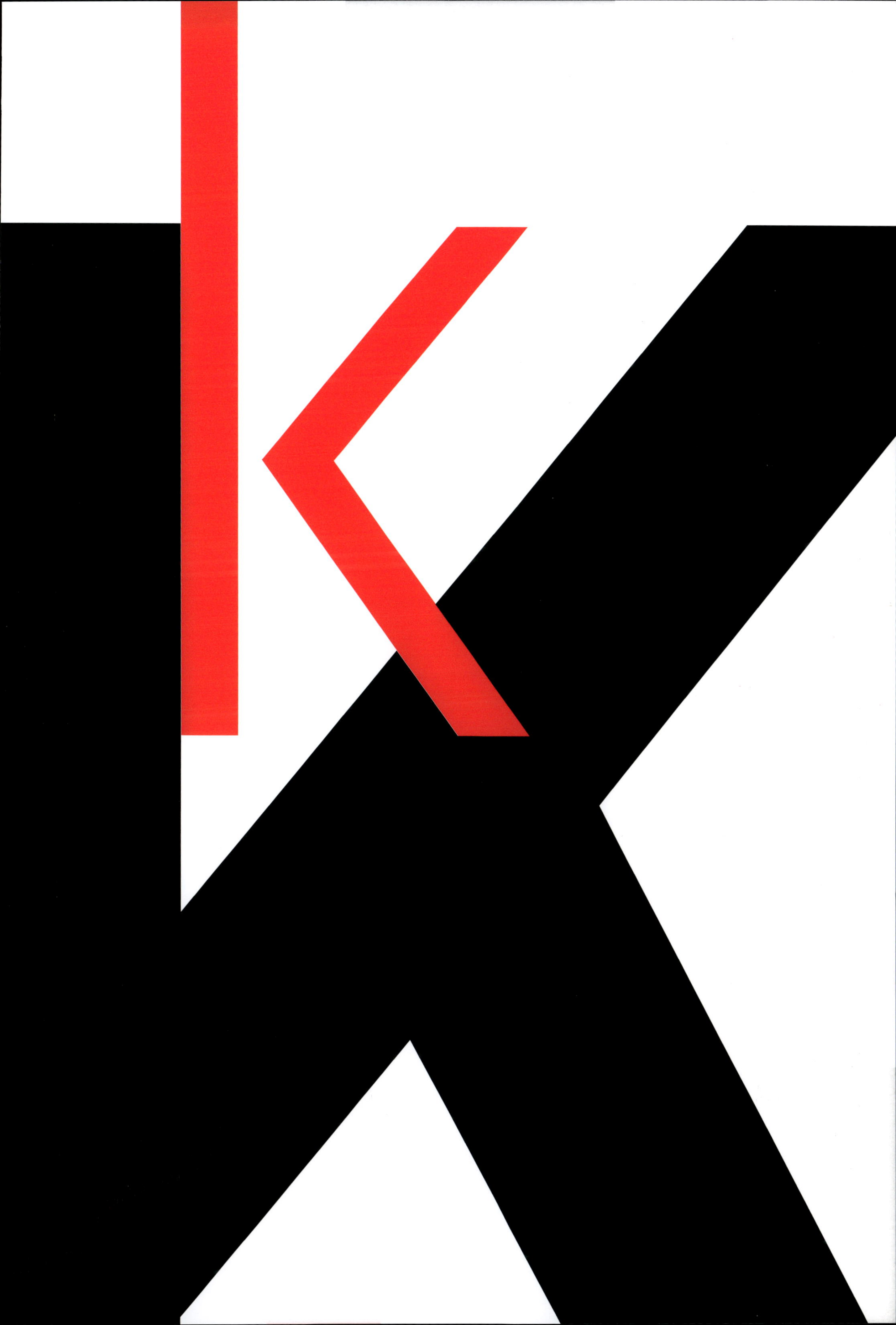

**Um Fato da Marca:**
Existem mais de 25.000 produtos em um supermercado de tamanho médio.

Notas:
..................................................
..................................................
..................................................
..................................................
..................................................
..................................................
..................................................
..................................................
..................................................
..................................................
..................................................
..................................................
..................................................
..................................................
..................................................
..................................................
..................................................

### Jargon  Jargão
Jargão é o uso de termos complicados em vez de seus equivalentes de uso comum mais simples; os profissionais de *marketing* usam jargão tanto quanto outros profissionais. As pessoas que usam jargão com freqüência querem parecer conhecedores do assunto ou tentando valorizar sua própria competência confundindo os outros.

### Jumble Display
Uma mistura de produtos ou marcas de diferentes empresas colocadas em um único mostruário, como em uma estante de liquidação. Esta prática nas lojas de varejo levou muitas marcas a fornecerem seus próprios *displays* para montagem dentro das lojas, incluindo instruções de como expor os produtos para evitar o risco da marca ser apresentada de forma inapropriada.

### Key Buying Influences
**Influências-chave de Compra**
Muitos fatores influenciam a decisão de um consumidor em comprar ou não comprar um produto. Há fatores externos, como o grupo do qual o consumidor faz parte, uma situação momentânea específica ou a cultura como um todo; fatores internos, como atitude, estilo de vida, personalidade e percepção; e fatores de *marketing*, que incluem o próprio produto, seu preço, promoção e distribuição. Além disso, muitos desses fatores estão interligados e funcionam em conjunto para influenciar a decisão final de compra.

### Key Performance Mesures
**Medidas-chave de Desempenho**
Conjunto de medidas focalizadas que são aplicadas em funções específicas de administração. Na gestão de marcas, essas aferições podem incluir o volume e o valor da participação de mercado, a consciência, o retorno de investimentos específicos na gestão de marcas e assim por diante. Idealmente, as medidas-chave de desempenho formam um conjunto equilibrado e são tanto positivas como negativas, qualitativas e quantitativas. A não ser que influenciem decisões de gerenciamento, pouco são usadas para a empresa e para a marca.

### Knowledge Management
**Gestão do Conhecimento**
O processo de captar, organizar, analisar, interpretar e disseminar em uma empresa a informação e o conhecimento possuído por indivíduos dentro dessa mesma empresa. As novas tecnologias têm sido de enorme auxílio para o processo, através do uso de intranets, databases e instrumentos de comunicação que automatizam todo esse processo. Os sistemas de gestão do conhecimento são inteiramente dependentes da qualidade, oportunidade e freqüência das contribuições, que são feitas individualmente. Antes o conhecimento significava poder – agora, o conhecimento compartilhado é muito mais poderoso.

"A finalidade do preço não é ressarcir o custo, mas fixar o valor do produto na mente do consumidor."

Daniel Nimer (consultor de *marketing*)

Um Fato da Marca:

A Newspaper Association of America (Associação Norte-americana de Jornais), diz que o americano médio é exposto a um número entre 1.500 e 3.000 mensagens de marcas por dia.

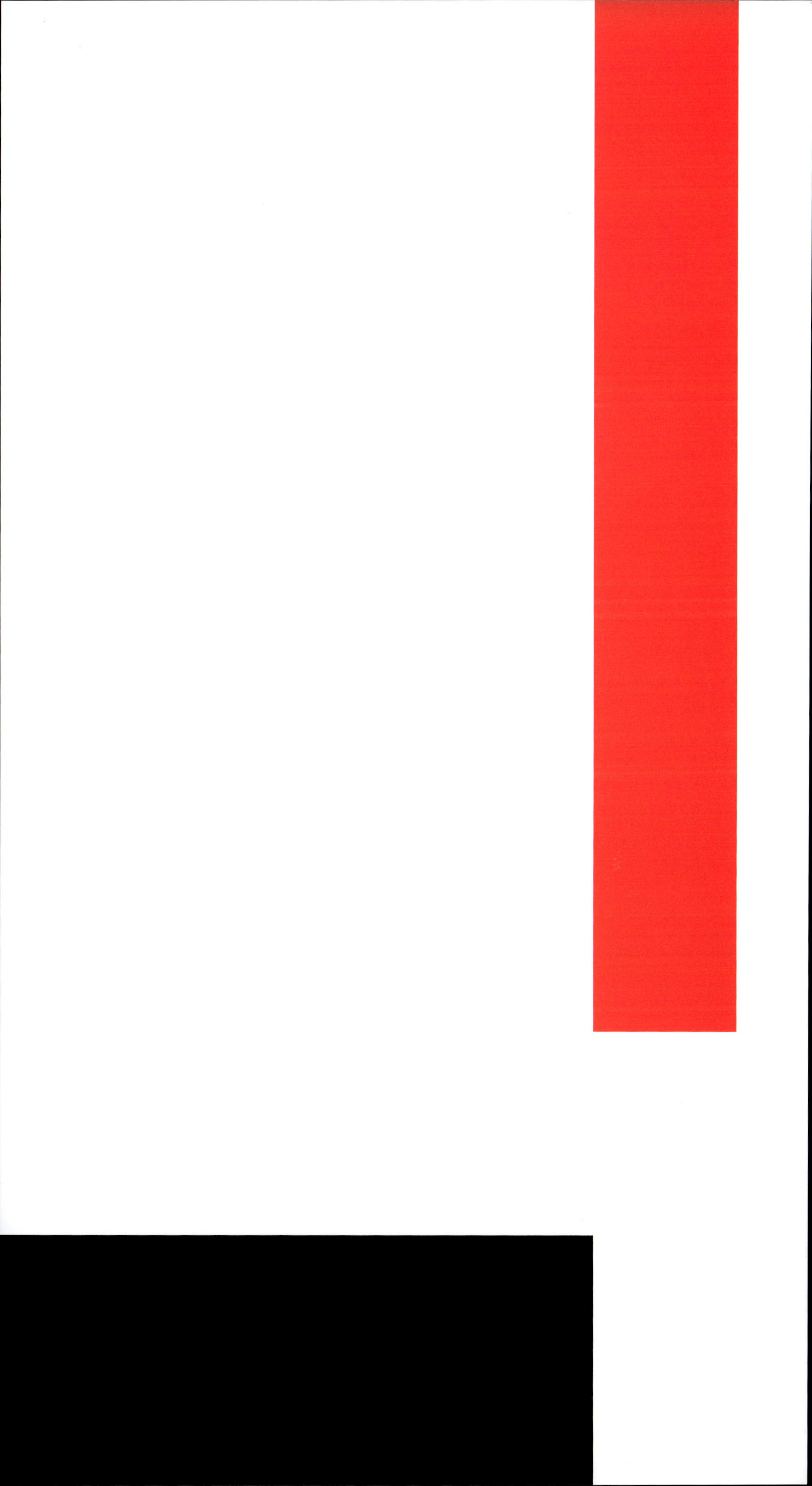

**Um Fato da Marca:**
Atualmente, as mulheres compram ou influenciam a aquisição de 80% dos bens de consumo, de acordo com o Hitbox.com.

Notas:
........................................................
........................................................
........................................................
........................................................
........................................................
........................................................
........................................................
........................................................
........................................................
........................................................
........................................................
........................................................
........................................................
........................................................

### Label Graphics
Elementos Gráficos dos Rótulos

Designs ou ilustrações em qualquer embalagem que levam informação sobre o produto. Por exemplo, seu nome, uso, características, benefícios, etc.

### Launch  Lançamento

O momento em que uma empresa inicia a promoção de um novo produto ou serviço usando propaganda, publicidade, programas internos ou as vendas iniciais do produto. Os lançamentos podem ser chamativos, com grandes investimentos e uma única data para sua realização, ou podem ser mais "leves" e se desenrolar ao longo de um período maior de tempo (geralmente duas semanas a um mês). Mesmo que os lançamentos mais leves tenham menores investimentos e façam menos "barulho", podem ser bastante eficientes. Ver Rollout

### Letterhead
Papel Timbrado

Folha de papel de correspondência oficial de uma empresa com um cabeçalho impresso no alto que usualmente leva o nome da empresa, endereçamento, números de telefone e de fax, muitas vezes incluindo um logotipo e outros detalhes.

### Leveraging  Alavancagem

Quando a empresa usa a força de uma das suas marcas de sucesso para apoiar um produto novo em um mercado diferente, porém relacionado com o atual. Como os consumidores têm opiniões fortes sobre a qualidade, a consistência e o valor de uma marca, muitas vezes isto é transferido para uma marca "alavancada". Por exemplo, os consumidores que são fiéis a um determinado computador podem querer experimentar uma nova impressora que tenha a mesma marca.

### Lexicon  Léxico

De modo geral, o léxico é um inventário de palavras – um dicionário, por exemplo. Este glossário é um léxico, porém ele é especificamente um inventário de palavras sobre a gestão de marcas, de nomes, de *marketing*, *e-commerce*, design e comunicação.

### License  Licença

Licença é um documento ou acordo que dá permissão para fazer algo sobre (ou com) a propriedade que pertence a outro. Entre duas empresas, é um contrato no qual uma delas recebe um pagamento para fornecer à outra tecnologia, conhecimento ou um produto.

### Lifestyle Brand
Marca com Estilo de Vida

Marca dirigida a um público-alvo baseada na maneira em que este vive e se identifica com seus interesses e atividades, desejos e necessidades, gostos, atitudes, padrões de consumo e de hábitos. Os atributos de uma marca para estilo de vida são adaptados para públicos específicos de forma que desde cedo obtenham adoção e uso sustentado.

### Lifetime Customer Value
Valor do Tempo de Vida do Consumidor

Ver página 79

# Lifetime Costumer Value
## Valor do Tempo de Vida do Consumidor

Uma equação e um enfoque que calcula o valor de um consumidor no seu tempo de vida como comprador. O objetivo é identificar os consumidores mais lucrativos e organizá-los em segmentos específicos. A partir disso, podem ser oferecidos meios para assegurar a fidelidade. Trata-se de calcular o valor que os consumidores representam para a marca ou empresa ao longo de todo o seu ciclo de vida. Isto tira a ênfase nas transações individuais e permite às empresas concentrar o foco em alvos mais precisos de segmentos do mercado. Para calcular o valor do tempo de vida, considere-se o seguinte: quanto custa conquistar os consumidores; quanto custa mantê-los; a média de duração de sua vida; e o valor médio que eles proporcionarão nesse período.

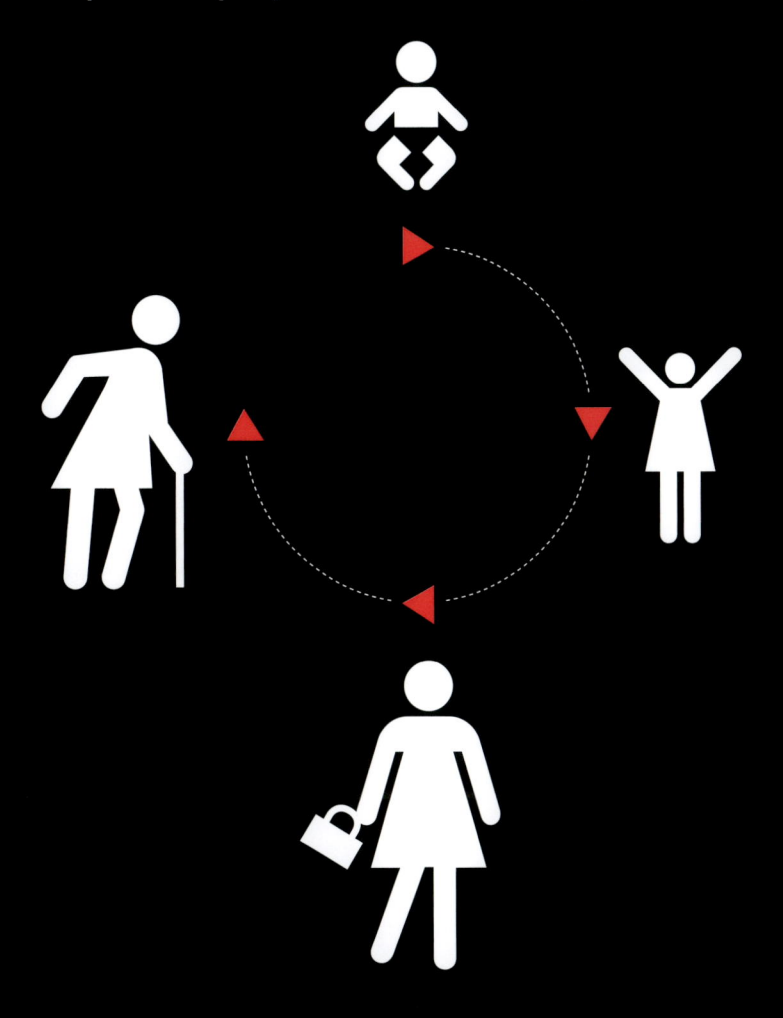

"A qualidade é lembrada por muito tempo depois que o preço é esquecido."

*Slogan* da Família Gucci

### Line Extension  Extensão de Linha

O uso de uma marca estabelecida e de sucesso para apresentar outros produtos na sua mesma categoria (por exemplo, o creme dental normal Crest estendido para creme dental branqueador). A extensão de linhas geralmente oferece novas características, sabores, cores, tamanhos de embalagem ou ingredientes. Os ganhos aumentam porque os consumidores existentes terão novas chances de escolha e novos consumidores serão atraídos. Ver Brand Extension

### Lock Up

O *lock up* define o relacionamento entre dois elementos de design e como esses elementos devem aparecer em conjunto. Reconhece as zonas de exclusão, relacionamentos de tamanho e posição e determinação do uso independente. A posição de um logotipo corporativo com o seu *slogan*, por exemplo.

### Logo

Logo (diminutivo de logotipo) é o elemento gráfico usado para identificar uma companhia, serviço ou produto. É uma marca distintiva, sinal, símbolo ou desenho (usualmente da empresa ou nome de marca) que é de uso contínuo e pode ser registrado para protegê-lo de outras empresas. É imediatamente reconhecido e age como um "embaixador da marca" porque torna-se inequivocamente identificado com uma determinada organização ou marca.

### Logotype  Logotipo

O nome de uma empresa ou marca composto com caracteres tipográficos distintivos ou usando desenhos especiais de letras arranjadas de forma particular. A cor e a forma da fonte tipográfica devem ser bem diferentes de outras no mesmo mercado. No Brasil, algumas agências de propaganda usam também o termo "logomarca", especialmente quando o símbolo e o logotipo são apresentados em conjunto. O termo "logomarca" não é adotado na área do design gráfico.

### Loyalty  Fidelidade

A fidelidade é a confiança conquistada por uma marca quando se tornam reais os benefícios tais como diferença e significado que fazem os consumidores retornarem repetidamente. É também o resultado de consumidores satisfeitos que recomendam a marca para outros. O maior sucesso da fidelidade é quando acontece a transição de "uma marca que eu uso" para "a minha marca".

### Loyalty Programs
Programas de Fidelidade

Iniciativas específicas que oferecem um benefício cumulativo para os compradores que apóiam a marca. Podem ter a forma de programas de pontuação, descontos, ofertas especiais, acesso seletivo ou até mesmo mercadorias e serviços gratuitos. Os principais exemplos são programas de distribuição freqüente de folhetos e programas de compra. (Programas de fidelidade diferem dos programas de afinidade, nos quais não existem valores econômicos diretos.)

### Luxury Brands  Marcas de Luxo

Marcas de luxo são objetos ou serviços desejáveis porém não-essenciais. São muito mais satisfações de prazer do que necessidades e muitas vezes essas marcas são de produtos caros ou difíceis de obter. As marcas de luxo geralmente oferecem qualidade superior ou melhor desempenho e os consumidores estão dispostos a pagar preços mais altos por isto. O desafio de não serem acessíveis a todos, devido ao preço e à disponibilidade, muitas vezes resulta nas imitações.

Notas:

## Um Fato da Marca:

**Os proprietários de gravadores digitais de vídeo não assistem a 92% dos comerciais, de acordo com as empresas Yankelovich Marketing e Forrester Research.**

> "Uma lei imutável no mundo dos negócios é que palavras são palavras, explicações são explicações, promessas são promessas – somente o desempenho é a realidade."
>
> Harold Green

### Mall Intercept
#### Interceptação de Entrevistados
Isto acontece quando um pesquisador aborda uma pessoa que passa em um *shopping center* e pergunta se ela pode responder a um questionário. Os que concordam são entrevistados para explicar como fazem suas compras e o que influencia a sua fidelidade.

### Mantra
Um mantra é uma frase curta (geralmente com três a quatro palavras), articulada para uso interno, que capta o espírito do posicionamento de uma marca. Geralmente é composto de três termos. Por exemplo, na Disney, a *função de marca* é o primeiro termo e isto é a natureza do produto – entretenimento. O *modificador descritivo* é o segundo termo e esclarece a função – família. Finalmente, o *modificador emocional* descreve como a marca proporciona o benefício, neste caso, como brincadeira. Assim, um mantra da Disney pode ser entretenimento, família e brincadeira.

### Mark
#### Identificador de Modelo de uma Marca
A porção da marca que consiste de um símbolo, design, letra diferenciadora ou cor.

### Market  Mercado
A palavra "mercado" tem vários significados: é o lugar teórico e real onde mercadorias são compradas e vendidas; pode referir-se à extensão da demanda por um produto ou serviço, como em "Existe um grande mercado para carros antigos"; e pode também referir-se ao negócio de compra e venda de uma mercadoria específica, como "mercado da soja".

### Market Attractiveness
#### Atratividade de Mercado
A medida do lucro potencial em um dado mercado ou indústria que leva em conta fatores como tamanho, ritmo de crescimento e natureza da concorrência existente.

### Market Broadening
#### Ampliação de Mercado
Uma estratégia pela qual a empresa avalia as demandas e necessidades dos consumidores que já compraram o seu produto ou serviço de forma a decidir o que mais vender para eles. Por exemplo, uma empresa que vende telefones celulares pode também decidir a oferta de PDAs (Personal Digital Assistant).

### Market Coverage Strategies
#### Estratégias de Cobertura de Mercado
Existem cinco estratégias diferentes que as empresas usam para selecionar e atingir mercados:

1. Concentração única de mercado (que focaliza uma parte individual do mercado).
2. Especialização de produto (que produz um único produto para todos os mercados).
3. Especialização de mercado (que produz todos os produtos para um único mercado).
4. Especialização seletiva (que fabrica produtos para múltiplos nichos de mercado).
5. Cobertura total (que fabrica um único produto para todos os consumidores).

### Market Crystalization
#### Cristalização de Mercado
Uma prática que identifica parte de um mercado que não está completamente estabelecido de forma a investigar necessidades similares que as pessoas possam ter nesse mercado por algo que ainda não existe – e ir ao encontro dessas necessidades. O resultado pode ser criar algo inteiramente novo ou apresentar um produto ou serviço existente cujos benefícios não foram completamente desenvolvidos.

### Market Defense  Defesa de Mercado
Ver página 85

Notas:

# Market Defense  Defesa de Mercado

O que uma empresa faz para conter o avanço de um concorrente existente ou potencial é chamado de "defesa de mercado" e existem várias estratégias para isto:

1. Construção de barreiras de entrada no mercado.
2. Aumentar os custos de entrada no mercado.
3. Diminuir a atratividade do mercado pela redução de preços.

Se nenhuma dessas estratégias der resultado, então a defesa de mercado estará em refocalizar para minimizar o prejuizo.

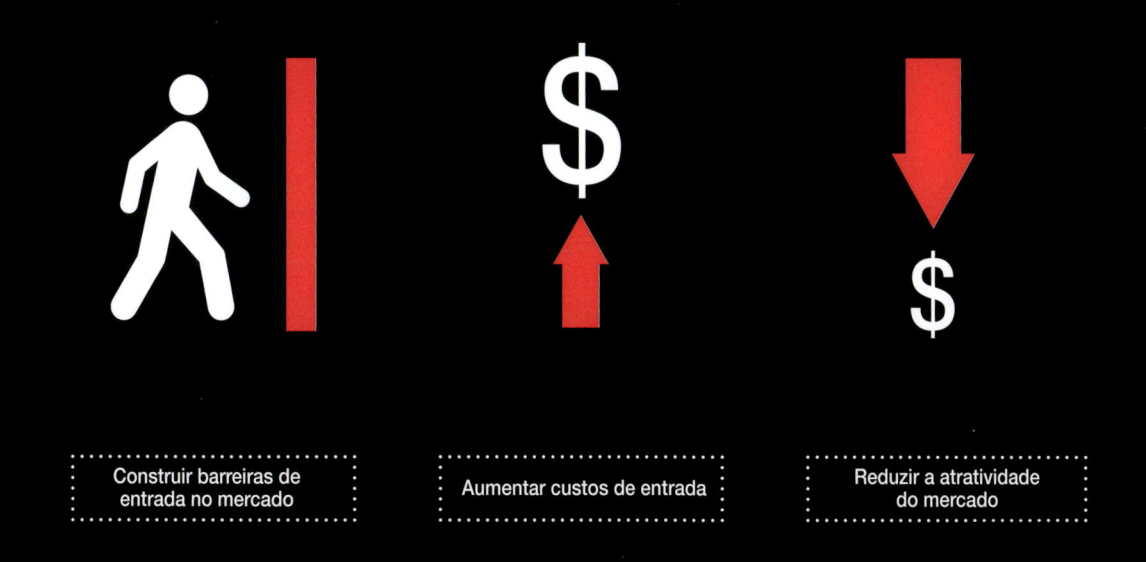

Construir barreiras de entrada no mercado

Aumentar custos de entrada

Reduzir a atratividade do mercado

> "Há cerca de dois anos me dei conta de que já não era mais um pessoa, mas uma marca."
>
> Martha Stewart
> (autora, consultora e colunista norte-americana de assuntos femininos e do lar)

### Market Demand
### Demanda de Mercado

Demanda de mercado é o volume total de um produto ou serviço comprado por um grupo específico de consumidores em um mercado específico durante um período também específico de tempo.

### Market Diversification
### Diversificação de Mercado

Uma estratégia para crescimento na qual as empresas acrescentam simultaneamente novos produtos e novos mercados, porém produtos e mercados que não estejam atualmente relacionados com suas atividades existentes.

### Market Extension Strategy
### Extensão Estratégica de Mercado

É o emprego de uma estratégia de mercado projetada para um país, usada em outro país e em mais outro e assim por diante. Uma extensão estratégica de marca, por sua vez, utiliza os valores de uma marca popular para expandí-la em novos mercados ou segmentos de mercado.

### Market Followers
### Seguidoras de Mercados

Empresas que não têm os recursos, compromissos, participação no mercado ou experiência de pesquisa e desenvolvimento para enfrentarem outras empresas líderes do mercado em uma condição mais competitiva. É interessante notar que essas empresas podem, às vezes, tirar vantagens de oportunidades criadas pelas líderes sem ter que fazer elas próprias um investimento significativo em *marketing*.

### Marketing Fragmentation
### Fragmentação de Mercado

Isto ocorre quando novos segmentos com suas próprias demandas, necessidades e desejos surgem a partir de mercados que antes eram homogêneos. Quando isso acontece, a fidelidade de marca se desgasta e o *marketing* de massa se torna bastante supérfluo.

### Market Leader  Líder de Mercado

A empresa ou marca que é dominante em seu campo e abarca a maior participação de mercado. Ela tende a estar na ponta das novas tecnologias ou novos processos de produção e tem maior flexibilidade em articular estratégias. Sua situação muito exposta no entanto, faz com que ela se torne o alvo principal da concorrência e às vezes dos orgãos fiscalizadores do governo.

### Market Position  Posição de Mercado

A posição de mercado é a força relativa de uma marca (ou empresa) frente a outras marcas ou empresas em um determinado mercado. Isto pode ser entendido como vendas *versus* concorrência, ou vendas como uma percentagem do total do mercado. Tendo o conhecimento do posicionamento da marca, as empresas podem articular estratégias para melhorar essa participação. Os termos descritivos por vezes aplicados à posição de mercado são *líder*, *challenger* (desafiador) ou *seguidor*.

### Market Potential
### Potencial de Mercado

Uma estimativa do tamanho de um mercado ou das possíveis vendas totais de um produto ou serviço em um determinado período de tempo. Também pode ser definido como a participação de mercado que uma determinada empresa quer conquistar.

### Market Research
### Pesquisa de Mercado

Um enfoque para coletar, analisar e interpretar a informação que é necessária para a tomada de decisões corretas no mercado. A pesquisa é preparada para determinar a potencialidade de venda de um produto ou serviço pelo conhecimento do que as pessoas desejam e necessitam. A informação pode ser obtida em fontes secundárias já publicadas e que estão disponíveis publicamente ou em fontes primárias, pesquisando os próprios consumidores.

Notas:

### Market Segmentation
Segmentação de Mercado

A reunião de um amplo número de consumidores em grupos menores baseados em desejos, necessidades e hábitos de compra similares. Dessa forma um fabricante de automóveis, por exemplo, pode agrupar compradores de carros mais jovens que tenham boa renda em um segmento e então dirigir para esse segmento propaganda e promoção de carros esportivos.

### Market Share
Participação de Mercado

O número total de unidades vendidas (ou seu valor em dinheiro) de um produto específico, expressado como uma percentagem do número total de unidades vendidas por todos os concorrentes em um determinado mercado. (A propósito, *market size*, ou tamanho do mercado, é a soma total em dinheiro das vendas possíveis de todos os participantes desse mercado.)

### Marketing

*Marketing* é o processo que traz idéias, mercadorias ou serviços para o mercado por meio de planejamento, coordenação, promoção e distribuição. *Marketing* é o processo de identificar e alcançar segmentos específicos de uma população de forma a vender algo para ela e é também a criação de demanda pelo uso de propaganda, publicidade, promoção e preços. *Marketing* é uma função organizacional projetada para levar valor aos consumidores e gerenciar os relacionamentos com o consumidor de forma a beneficiar a organização e seus acionistas.

Na nossa sociedade, onde quase toda a produção é dirigida para um mercado, as atividades de *marketing* são tão importantes quanto a fabricação das mercadorias ou serviços. Estima-se que aproximadamente 50% dos preços de varejo pagos pelos consumidores é composto pelos custos de *marketing*.

### Marketing Audit
Auditoria de Marketing

Um exame periódico e sistemático com análise e avaliação da estrutura, objetivos, estratégias, organização, metas, planos de ação e resultados de um grupo de *marketing*.

### Marketing Control System
Sistema de Controle de Marketing

Sistema que verifica se os planos de *marketing* estão produzindo os resultados esperados. Mede a produtividade e os lucros por tipos de produtos, compradores ou territórios e mede outras variáveis-chave de *marketing*, como a satisfação do consumidor. Se um produto não está alcançando o desempenho planejado é necessária então uma ação corretiva.

### Marketing Cost Analysis
Análise dos Custos de Marketing

Instrumento utilizado no planejamento de *marketing* que estuda os custos associando-os com desempenho, produção, venda, promoção e distribuição de um produto ou serviço para determinados segmentos de mercado. Determina também a lucratividade do produto. Além disso, é uma alocação da análise de custos que determina quais os custos específicos que estão associados com quais atividades específicas de *marketing*.

**Um Fato da Marca:**
Em 2003, 43 das 111 canções na Billboard Top 20 tinham letras com referências a marcas, de acordo com o Datamonitor.

Notas:
..................................................
..................................................
..................................................
..................................................
..................................................
..................................................
..................................................
..................................................
..................................................
..................................................
..................................................
..................................................
..................................................
..................................................

### Marketing Intermediaries
Intermediários de Marketing

Os intermediários, às vezes chamados de representantes, são pessoas e empresas que dão assistência ao fluxo de produtos desde quem os fabrica até quem os usa. Os intermediários de *marketing*, entre outros, são instituições financeiras, representantes, atacadistas, empresas de distribuição e varejistas.

### Marketing Metrics
Métricas de Marketing

São medidas que ajudam as empresas a avaliar seu desempenho em *marketing* como um todo, tais como participação no mercado, custos de propaganda e promoção, bem como a avaliação de respostas obtidas pela propaganda e pelo *marketing* direto.

### Marketing Mix
Mix de Marketing

Uma seleção de produtos combinada com decisões sobre preço, praça e promoção que uma única empresa utiliza para atingir os níveis desejados de venda nos mercados-alvo. Esta seleção de produtos proporciona opções que podem ser escolhidas pelos compradores e a vantagem da empresa é que mais compradores provavelmente vão escolher uma dessas opções ao invés de comprarem outras.

### Marketing Myopia
Miopia de Marketing

Termo que se refere ao insucesso de uma empresa em definir seus objetivos com a necessária amplitude. É uma falta de visão que pode ser o resultado de superestimar as características específicas e os benefícios de um produto e de subestimar os desejos e necessidades dos consumidores.

### Marketing Planning
Planejamento de Marketing

Processo sistemático de verificar oportunidades e recursos para formular objetivos de *marketing*. Este processo conduz a um plano maior de *marketing*, o qual é uma descrição detalhada (com tabelas) dos objetivos e métodos reais que uma empresa pretende usar para atingir suas metas.

### Mass Marketing   Marketing de Massa

Processo que utiliza a mídia de massa para levar de forma ampla ao mercado um produto ou serviço com o intuito de atingir um grande público-alvo. É baseado na visão do mercado como um todo homogêneo para assim, vender para todos o mesmo produto, com o mesmo preço, por meio dos mesmos veículos de propaganda e promoção. É projetado para vender grande quantidade do produto para um número maior de pessoas.

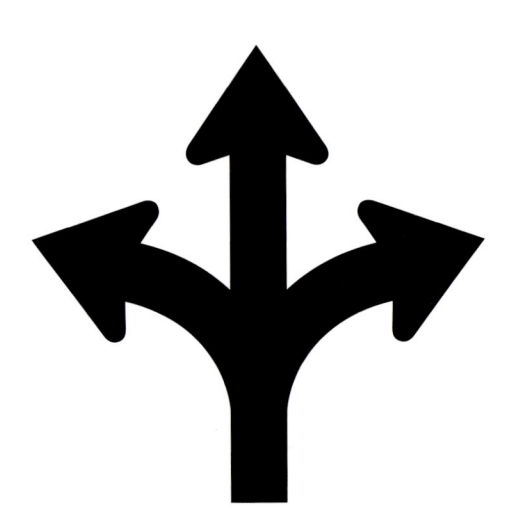

### Masterbrand   Marca-Mestra

É o nome de marca principal que uma empresa usa para produtos e serviços. A marca-mestra é usualmente combinada com nomes individuais para fazer submarcas. Por exemplo, a General Electric entra no mercado com GE Capital, GE Aviation e GE Financial Services e empresas como BMW e Mercedes Benz atuam da mesma maneira, exceto que usam letras e números para caracterizar as diferenças entre seus vários modelos.

**Um Fato da Marca:**
Um estudo realizado pelo Keller Fay Group revelou que o americano médio menciona marcas específicas 56 vezes por semana em suas conversas.

**Notas:**

## Measurement  Medição
A determinação da amplitude, tamanho, quantidade ou gradação de alguma coisa, especialmente em comparação com algum tipo de padronização conhecida. No mundo dos negócios, diz a sabedoria: "Não faça algo que não possa medir e não meça a não ser que isso economize ou produza dinheiro". Todas as mensurações são importantes para considerar opções nos negócios e ajudam a otimizar as opções que forem tomadas. O *marketing* não vai igualar-se a outras disciplinas se não adotar o mesmo rigor que elas têm para medir os impactos.

## Media  Mídia
Mídia são todos os veículos de comunicação de massa, desde os meios impressos (jornais e revistas) e eletrônicos (rádio e televisão) até os computadores (*websites* e outros). A palavra tem origem no latim *media* (plural de *medium*).

## Media Buying  Compra de Mídia
Serviço oferecido por agências de propaganda que envolve a negociação com várias mídias na contratação de tempo ou espaço para publicar os anúncios de um cliente. Compra de mídia é o anúncio pago pela empresa.

## Media Kit  Kit de Mídia
Um pacote de material promocional distribuído por um fornecedor de mídia com a finalidade de vender espaço de propaganda. Um kit típico inclui dados demográficos de audiênia, custos, exemplos de casos de sucesso e materiais que se relacionem com tudo isso – toda a informação que um anunciante precisa para tomar uma boa decisão quando pretende anunciar.

## Media Planning
Planejamento de Mídia
Em um planejamento de mídia a empresa analisa seus objetivos estratégicos e formula tarefas de ação no dia-a-dia para maximizar os investimentos que pretende fazer em promoção e propaganda. O resultado desse processo é denominado "plano de mídia".

## Merchandising
Ver página 90

## Merger  Fusão
A combinação de duas ou mais corporações em uma única entidade. Tipicamente, uma das corporações sobrevive à outra e absorve todos os seus bens e responsabilidades financeiras. As fusões usualmente ocorrem em um ambiente amistoso onde os executivos das respectivas empresas cooperam entre si para assegurar um entendimento bem-sucedido. Outras vezes a fusão é "hostil" e uma empresa simplesmente compra no mercado aberto a maioria das ações importantes de outra companhia.

## Message-Channel-Market (MCM)
Uma estrutura desenvolvida pela Interbrand que simplifica os objetivos de comunicação na gestão de marcas e no *marketing*. Em sua forma mais clara, a comunicação comercial identifica um mercado desejado para sua oferta. Mensagens específicas podem então ser articuladas para esse mercado com o fim de atrair seus membros para a compra. Finalmente são selecionados e empregados os canais mais eficientes e eficazes para essa comunicação alcançar e influenciar o mercado. A intenção do MCM é simplificar e esclarecer práticas que freqüentemente se tornam mais complexas do que precisam ser.

## Messaging  Mensagem
Determinação concisa dos resultados e benefícios que são associados a um produto ou serviço. Trata-se do tema que é levado com consistência pelo *mix* dos canais de comunicação de uma empresa a fim de melhor atingirem seus públicos-alvo.

# Merchandising

Termo que tem muitos significados, geralmente relacionados uns com os outros. É a compra, distribuição e revenda de mercadorias no nível de varejo; é a apresentação de um produto no mercado certo e na hora certa com o uso da propaganda e da promoção; é a apresentação atraente e visual das mercadorias nas lojas; é também uma prática de *marketing* na qual a marca ou imagem de um produto ou serviço é usada para vender outra (como as roupas NASCAR). No Brasil, o termo também é aplicado a menções ou aparições de produtos, serviços ou marcas, de forma aparentemente casual, em programas ou novelas de televisão e rádio, filmes cinematográficos, etc. Ver Product Placement

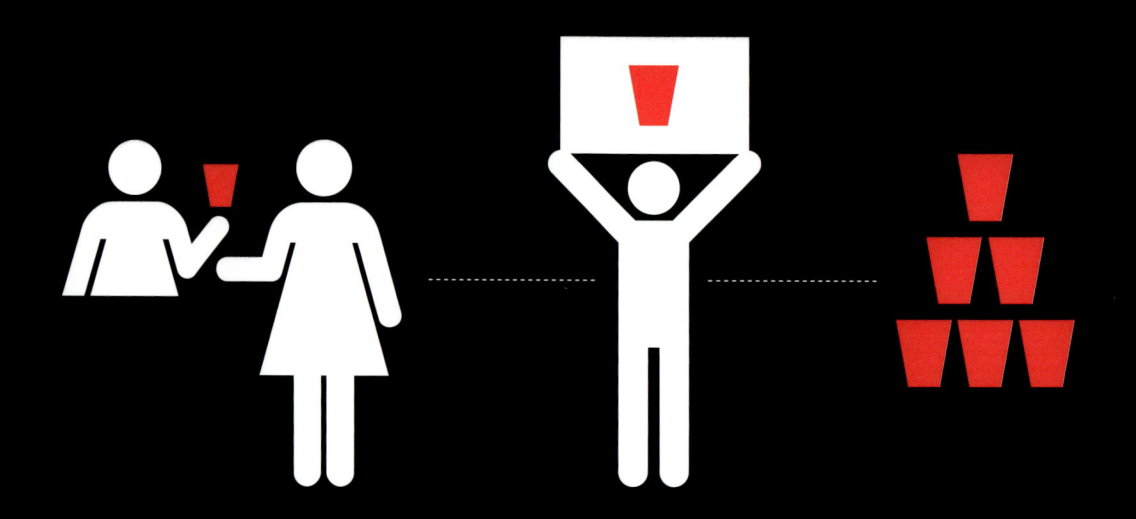

> "Todas as vezes em que comprometemos nossos princípios, quem perdeu fomos nós e nossos compradores."
>
> Marcus Sieff (da cadeia de lojas londrina M&S)

### Messaging Matrix

Uma forma idealizada, de propriedade da Interbrand, que identifica os públicos-chave de uma marca que podem agir como influência para outros segmentos maiores.

Tendo como base os objetivos da marca esses influenciadores são priorizados e mapeados através de comunicações específicas para que apóiem de forma abrangente a posição da marca e que, além disso, apelem para os desejos e necessidades relevantes do público. Uma marca não pode ser tudo para todos mas ela precisa ter algo para todos – a *Messaging Matrix*, sendo uma matriz de mensagens, é um instrumento de comunicação que ajuda a articular essa diferença.

### Messaging Options
Opções de Mensagem

As opções de mensagens podem incluir testemunhais, humor, comparação, imagens triviais da vida, apelos humorísticos, etc. e são escolhidas para salientar os valores e benefícios de uma marca. Essas opções são consideradas junto com os canais que possam atingir os públicos-alvo com maior eficiência. Tendo ênfase cada vez maior nas comunicações integradas de *marketing*, as alternativas de mensagens devem funcionar através de várias plataformas ao mesmo tempo, de forma a atingir a máxima efetividade.

### Metrics  Métricas

Em um sentido geral são mensurações projetadas para traçar o desenvolvimento do produto e permitir que uma empresa possa medir o impacto de aperfeiçoamentos do processo. Pode-se medir a hora de ingressar no mercado, a duração dos diferentes estágios do processo e os resultados do desempenho do produto (tais como a porcentagem do total de vendas relativas a novos produtos).

### Mission Statement
Declaração de Missão

A declaração de missão é uma expressão da história de uma empresa, suas preferências administrativas, relações ambientais, recursos disponíveis e competências distintivas. Responde à pergunta "Qual é o nosso negócio?" com respostas que têm ampla focalização e orientação no consumidor. A declaração de missão orienta as tomadas de decisões e o planejamento estratégico de uma empresa.

### Monotlithic Brand  Marca Monolítica

Ver Masterbrand

### Multi-brand Strategy
Estratégia de Multimarcas

A estratégia de uma empresa que entra no mercado com várias marcas concorrentes ao invés de uma só. As empresas fazem isso para criar competição interna de forma a promover eficiência; para diferenciar marcas; para vender a diferentes segmentos de mercado; para obter resultados máximos a partir de nomes de marca já estabelecidos. Por exemplo, a Cadbury vende vários produtos de chocolate com nomes diferentes e a Lever Brothers vende vários detergentes para lavar a roupa.

### Multi-segment Strategy
Estratégia de Segmentos Múltiplos

Uma estratégia que tem como objetivo certo número de segmentos diferentes no mesmo mercado e a seguir desenvolve um *mix* de *marketing* separado e diferente para cada um deles.

Notas:

Nn

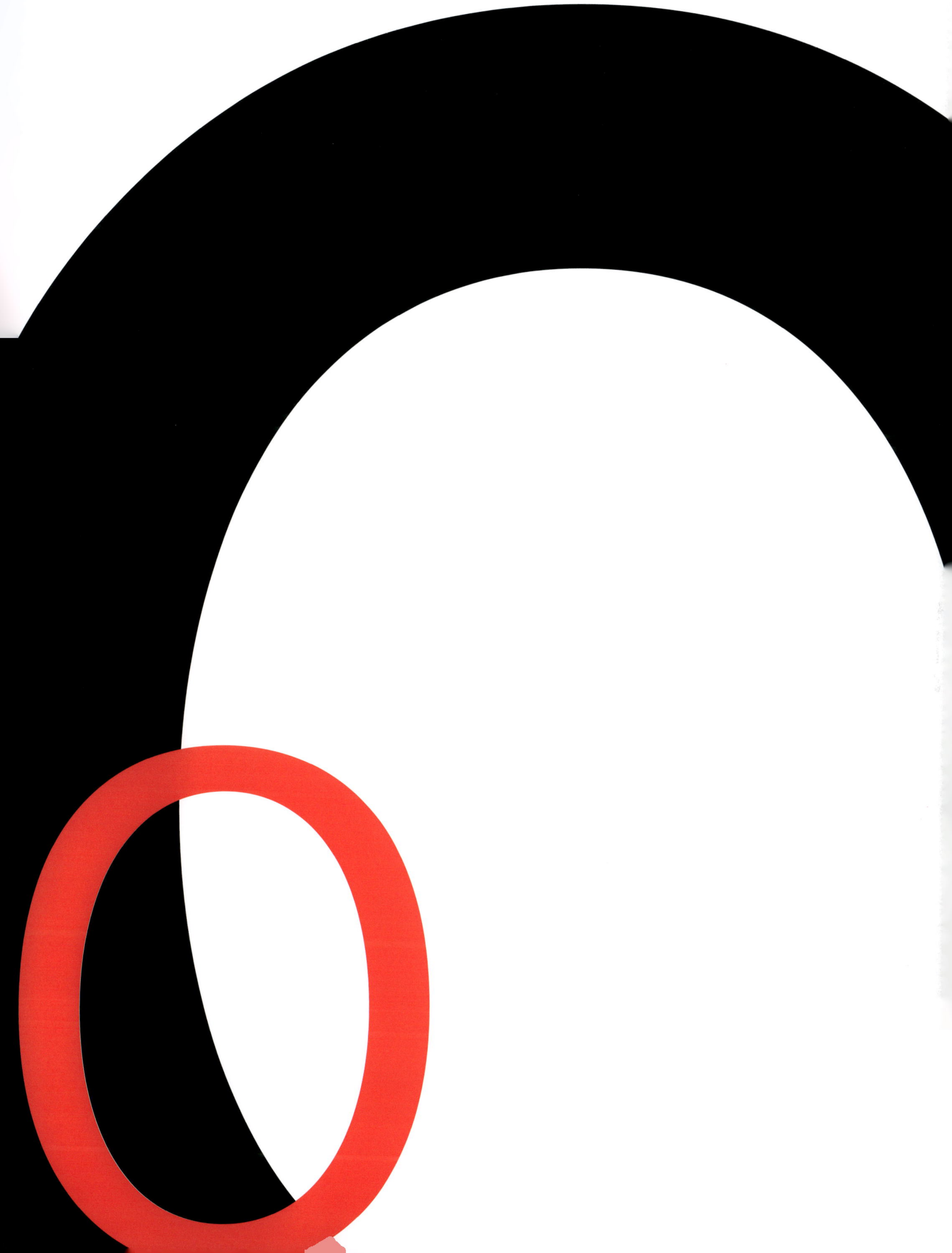

> "Um empregado bem-informado é o melhor vendedor que uma empresa pode ter."
>
> E. J. Thomas

### Name  Nome

A parte de uma marca que consiste em palavras, letras ou números. Quando a expressão *trademark* é usada, na maioria das vezes significa o nome de marca.

### Names  Nomes

Os nomes de marcas podem ser categorizados em vários tipos de nomes que se relacionam com as mercadorias e serviços oferecidos:

- *Nomes descritivos* usam a linguagem comum e nem sempre podem ser protegidos como marcas registradas de mercadorias e serviços. Oferecem a vantagem da transparência em sua comunicação mas nem sempre oferecem muita diferenciação ou emoção. Além disso, devido à sua natureza literal, são difíceis de serem levados além de seu uso original. Exemplos: Computer Associates, PlayStation e British Airways.
- *Nomes sugestivos* não descrevem simplesmente os benefícios das mercadorias e serviços associados a eles, sugerem também seus atributos. Podem receber maior proteção de registro que os nomes descritivos e muitas vezes proporcionam maior diferenciação de categoria e maior emoção. Podem também ser levados além de sua designação original. Exemplos: Oracle, PowerBook e Crest.
- *Nomes abstratos* – pouco se relacionam com as mercadorias e serviços com os quais estão associados, podem ser bastante diferenciados dentro de uma categoria. Oferecem níveis mais altos de proteção de marca e podem também ajudar a estender uma marca no lançamento de novos produtos e serviços. Exemplo: Orange, Xerox e Blackberry.
- *Nomes articulados* são combinações de palavras que não existiam anteriormente. Na maioria das vezes são articulados com raízes de palavras (às vezes do latim) para criar novas expressões verbais. Por exemplo, o nome Prozac é um nome inventado com a combinação das raízes de "Professional" e "Exact" ("exato" em inglês). Os nomes articulados, uma vez protegidos, fazem as marcas registradas mais fortes.
- *Nomes compostos* são palavras existentes combinadas para criar novos nomes de marca. JetBlue é um exemplo de um nome composto.
- *Nomes com palavras reais* são criados pelo uso de palavras que existem atualmente, mas não têm uma ligação óbvia com o produto ou serviço ao qual estão associados. Nomes com palavras reais podem fazer marcas registradas poderosas. Apple Computer é um exemplo de um nome com palavra real.

### Naming  Dar Nomes

Ver página 95

### New Product Developing
### Desenvolvimento de Novo Produto

Processo abrangente, porque trabalha um produto antes de ser lançado, é desenvolvido em sete fases: geração da idéia, seleção de idéias alternativas, teste de conceituação, análise de negócios, desenvolvimento do produto, teste de *marketing* e comercialização. O desenvolvimento de um novo produto quase sempre refere-se a atividades dentro da empresa, em contraposição a novos produtos que são adquiridos de outra empresa.

### News Releases  *Releases* de Notícias

*Releases* de notícias, ou *press releases*, são informações escritas ou gravadas dirigidas à mídia comunicando algo que se presupõe ter valor de notícia. Sua finalidade é estimular os jornalistas a desenvolver artigos ou outras matérias sobre o assunto e eles são usados de forma geral nas relações públicas como um meio de gerar atenção favorável ao cliente da empresa de RP e/ou aos produtos.

Notas:

# Naming  Dar Nomes

A prática de desenvolver nomes de marcas para corporações, produtos e serviços. Na maioria das vezes, o objetivo de dar nomes é desenvolver marcas e nomes comerciais que possam ser registrados como propriedade, que expressem uma promessa da marca e proporcionem um meio fácil para os consumidores identificá-los e interagir com eles. Nomes de marcas são bens econômicos valiosos e devem ser criados e protegidos cuidadosamente por seus proprietários.

Nome do Produto

Expressa a promessa da marca · Identifica · Interage

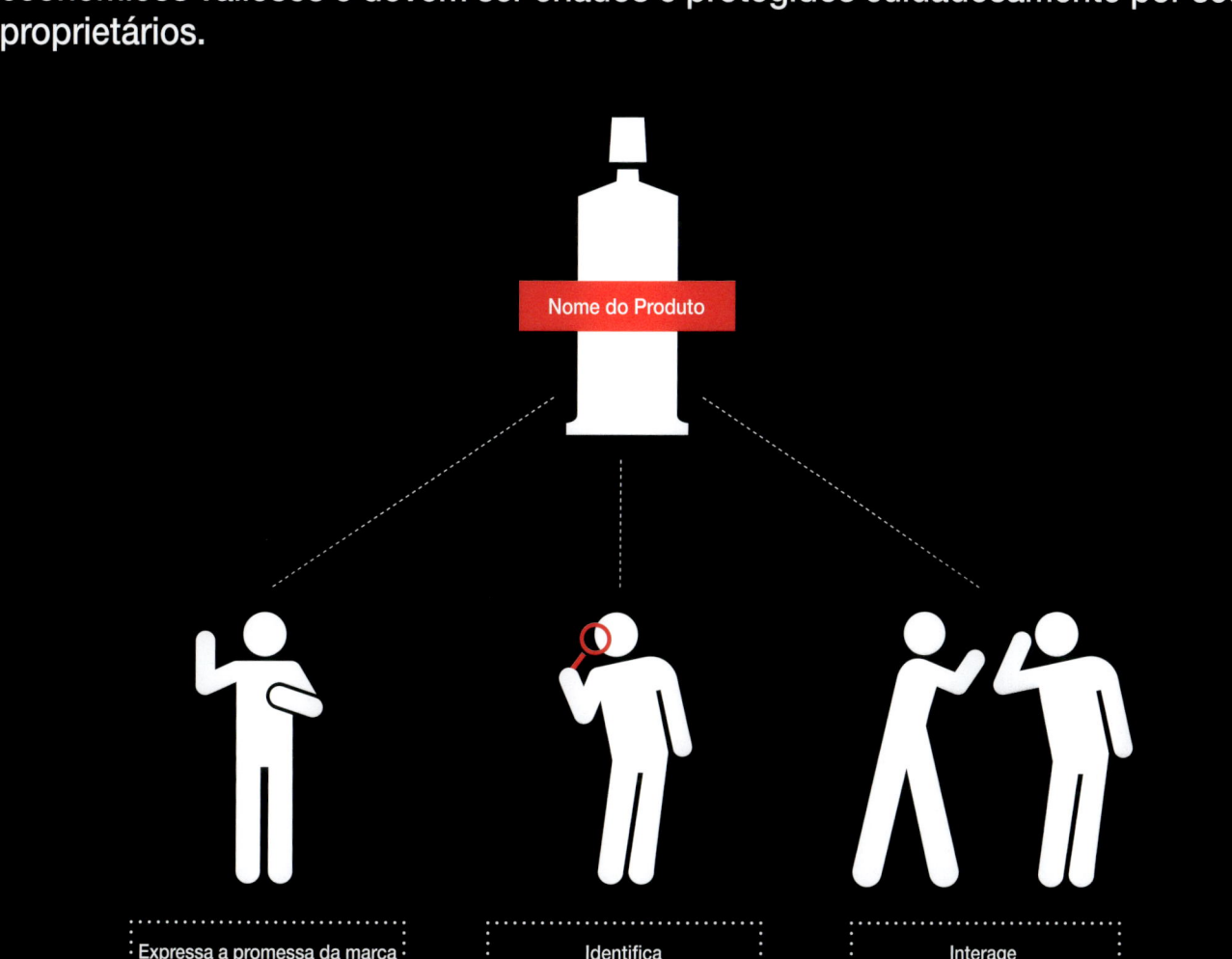

### Niche Brand  Marca de Nicho

As marcas de nicho são aquelas dirigidas a segmentos individuais de mercado em que uma empresa ou produto é especialmente forte. Tipicamente esses segmentos são muito pequenos para interessar às empresas com grande participação de mercado porém são lucrativos e não são atrativos para a concorrência.

### Nomenclature System
Sistema de Nomenclatura

Um sistema de nomenclatura é uma estrutura que estabelece uma base para o desenvolvimento de nome. Esses sistemas estão em compasso com o tom de voz da marca e dão os parâmetros para o uso da linguagem de modo a assegurar diferenciação e consistência.

### Nometrics

Um instrumento de pesquisa, desenvolvido pela Interbrand, que dá apoio na decisão de nomes de marca potenciais e proposições para *slogans*. Cada nome de marca sugerido é avaliado por critérios específicos, associações de imagens e de personalidade, aceitabilidade do nome, assim como estar "apropriado" ao conceito de marca, além de outras considerações. A pesquisa Nometrics utiliza aspectos tanto quantitativos como qualitativos.

### Offer  Oferta

Existem duas definições gerais para oferta: primeira, os termos e condições sob as quais um produto é apresentado para venda (preço, quantidade, data de entrega, custos de transporte, garantia, etc.). Segunda, o design, características, qualidade, embalagem e distribuição (junto com serviços associados tais como: financiamento, garantias e instalação) do produto ou serviço que uma empresa oferece para vender.

### One-to-one Marketing
Marketing Um-a-Um

Chamado as vezes de *marketing* personalizado, acontece quando uma empresa tenta fazer uma oferta de produto único para cada comprador potencial. É mais prático de ser aplicado na Internet porque um *website* pode rastrear uma preferência do consumidor e oferecer sugestões de venda. Por exemplo, a Amazon acompanha o histórico e as inclinações de clientes individuais e faz sugestões de produtos específicos e personalizados.

### Opportunity Model
Modelo de Oportunidade

Um modelo de oportunidade coleta e estuda informações do passado e do presente para identificar tendências, forças e condições para ajudar o gerenciamento a escolher estratégias apropriadas que venham ao encontro dos objetivos da empresa. O Interbrand Brand Opportunity Model (Modelo de Oportunidade da Marca Interbrand) emprega um modelo de diferenciação, credibilidade, relevância e extensão para determinar o posicionamento único de uma marca.

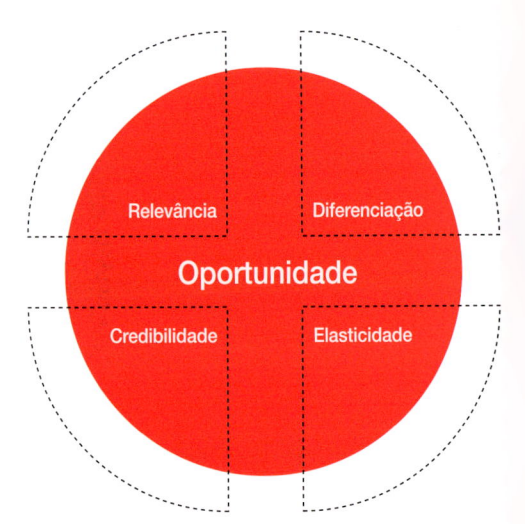

Relevância  Diferenciação
Oportunidade
Credibilidade  Elasticidade

### Organic Growth
Crescimento Orgânico

O grau de crescimento dos negócios que resulta do aumento de produção de vendas e do reinvestimento do retorno dos lucros na empresa, em vez do crescimento que vem como resultado de fusões, aquisições e *takeovers*.

Notas:

Um Fato da Marca:
Gestão centralizada da marca, com execução global consistente, é o modelo de gerenciamento preferido por 60% dos executivos. No entanto, 65% deles concordam que a personalização local de uma marca tem impacto positivo nas vendas, de acordo com a Economist Intelligence Unit.

"Você não pode construir uma reputação sobre aquilo que pretende fazer."

Henry Ford

Pp

**Um Fato da Marca:**
A maioria dos grandes profissionais de *marketing* aplica entre 4 e 10% de seus investimentos mensurados de mídia no canal *on-line*, de acordo com a Booz Allen Hamilton.

Notas:

### Packaged Goods
### Mercadorias já Embaladas

Produtos que são empacotados ou embalados pelo fabricante; normalmente têm baixo preço unitário, são distribuídos através de lojas de alimentação e de produtos farmacêuticos, têm alta promoção (geralmente na mídia de massa) e são comprados e consumidos com grande freqüência (creme dental, por exemplo).

### Packaging  Embalagem

De forma geral, embalagem compreende todas as atividades e materiais associados com o design e a produção de um produto para apresentação ao público. Além de proteger e identificar o produto, a embalagem propicia informações importantes e ajuda a promover o que está dentro dela.

### Packaging Design
### Design de Embalagem

O design de embalagem pode ser visto de quatro maneiras diferentes: como um meio de proteger algo que está dentro dela; como forma de mostrar quanto custa um produto; como uma superfície na qual os atributos e benefícios de um produto são promovidos; e como parte da experiência de um produto. O design de embalagens evoluiu para muito além dos simples benefícios funcionais e hoje é um exemplo sofisticado e poderoso das habilidades dos designers. O design de uma embalagem permanece nas prateleiras por aproximadamente cinco anos, assim o design precisa levar em conta ótimos critérios para ser bem-sucedido.

### Parent Brand  Marca Principal

A marca principal em uma família de marcas. É a marca-mestra e primordial e tem uma função de endosso para uma ou mais submarcas.

### Parity  Paridade

A paridade acontece quando os produtos ou o desempenho de uma empresa não são melhores ou piores do que os da concorrência. Isso também ocorre quando os consumidores não vêem diferença real entre as marcas da mesma categoria. No caso da gasolina, por exemplo, os consumidores não vêem outra diferença real que a do preço. A marca é um meio de ultrapassar a paridade desde as mercadorias comuns até aos produtos de luxo.

### Passing Off

O nome dado a uma ação legal feita para proteger a "reputação" de uma determinada marca, marca registrada ou mesmo de uma organização. Em sua essência, a ação tem por finalidade impedir que outros negociem usando a reputação, o *goodwill* (conceito favorável) de uma marca registrada, marca ou organização. A ação existe apenas nos países que reconhecem os direitos de marcas não-registradas (por exemplo, o Reino Unido e os Estados Unidos). Em alguns países, é chamada de ação de concorrência desleal.

### Penetration  Penetração

Penetração é às vezes uma abreviação de penetração de mercado e refere-se a quantos indivíduos ou organizações já compraram a marca em um determinado mercado e/ou em que grau um produto ou serviço é conhecido entre compradores potenciais. Trata-se de uma estratégia de crescimento na qual uma empresa concentra esforços em seu mercado-alvo de forma a aumentar sua participação no mercado ou acentuar a sua vantagem competitiva. O aumento da participação no mercado pode ser obtido atraindo compradores de marcas concorrentes; persuadindo os atuais consumidores a comprarem mais; oferecendo um produto melhorado ou revisado; e/ou pela atração de consumidores que ainda não estão fazendo compras nessa categoria de produtos.

### Perception  Percepção

A percepção é a maneira como os indivíduos interpretam os estímulos ao seu redor. É uma impressão da realidade baseada em crenças, necessidades, atitudes, eventos e pessoas e ela influencia as ações e os comportamentos. No contexto da gestão de marcas, as percepções podem afetar, e realmente afetam, as decisões de compra.

# Personality  Personalidade

Personalidade significa atribuir a uma marca características humanas (particularmente emocionais e de atitudes). Por exemplo, Coca-Cola é diversão, McDonald's é alegria, Volvo é segurança e assim por diante. A atribuição de personalidade às marcas é feito através da propaganda, promoção, embalagens e/ou elementos visuais da corporação mas também, cada vez mais, através das qualidades das pessoas que trabalham para a marca. Além disso, a personalidade deve ser criada para refletir ou complementar os consumidores-alvo da marca e a compreensão de suas características é importante para isso. A personalidade é um componente crítico na construção da marca porque a paridade entre produtos existe na maioria dos mercados, portanto a diferenciação e a escolha podem resultar daquilo que um consumidor "gosta" emocionalmente.

**Um Fato da Marca:**
Segundo o Datamonitor, 4,4% dos consumidores de baixa renda não consideram a marca como um fator importante em seus critérios de compra.

Notas:
...........................................................
...........................................................
...........................................................
...........................................................
...........................................................
...........................................................
...........................................................
...........................................................
...........................................................
...........................................................
...........................................................
...........................................................
...........................................................

## Perceptual Mapping
### Mapeamento da Percepção

Processo usado na pesquisa de mercado para compreender o que consumidores selecionados pensam sobre produtos correntes e futuros; qual é a sua percepção sobre diferentes empresas, produtos ou atributos de marca; e qual o relacionamento que fazem do que está sendo pesquisado com os seus concorrentes. Um dos instrumentos usados no processo é um gráfico de mapeamento da percepção que visualiza onde os consumidores colocam um produto ou fornecedor em relação a outros produtos e fornecedores (também chamado de *mapa de posicionamento*).

## Permission Marketing
### Marketing de Permissão

Tipo de *marketing* que oferece aos consumidores a oportunidade de receberem informações de *marketing* (*newsletters*, por exemplo), *releases* de informação sobre novos produtos ou anúncios de eventos que estão acontecendo. O autor Seth Godin criou o termo em seu livro *Permission Marketing*. A permissão para esse tipo de *marketing* proporciona aos profissionais comunicar mensagens relevantes à sua marca e a desenvolver um contínuo relacionamento positivo com os consumidores.

## Personality  Personalidade
Ver página 101

## Point of Purchase (POP)
### Ponto-de-Compra

Materiais promocionais colocados no ponto-de-venda em uma loja de varejo para atrair o interesse do consumidor ou chamar a atenção para uma oferta especial. Os *displays* de ponto-de-compra são geralmente colocados perto das caixas de saída e podem ser embalagens, cartazes, cartões de *display*, etc., desenhados para proporcionar mais informações sobre o produto e a motivar a venda por impulso.

## Point of Sale (POS)
### Ponto-de-Venda (PDV)

Termo utilizado para materiais que são projetados para aumentar vendas e lançar produtos (como cartazes, *displays* de vitrine, peças de balcão, estantes e embalagens de auto-serviço). No entanto, pode também referir-se a um sistema coletor de dados que recebe e armazena informação de códigos de barra nas transações de venda.

## Portfolio  Portfólio

Conjunto total dos elementos da arquitetura da marca ou todas as abrangências da marca que são controladas pelo proprietário. O portfólio é administrado individualmente e holisticamente com a intenção de proporcionar benefícios de associações como também individualidade.

## Portfolio Anaysis  Análise de Portfólio

Um instrumento de planejamento que ajuda a determinar estratégias de mercado. Faz a avaliação do crescimento de um produto e da sua participação de mercado relativa, comparando-o com outros produtos ou serviços em um portfólio. O objetivo é ver quais os produtos que têm um bom desempenho e devem ser continuados, e quais os que devem ser descontinuados. Portfólio ou porta-fólio pode ser também uma pasta contendo uma coleção de material a ser exibido. Pode ser ainda um instrumento pelo qual uma empresa identifica e avalia os seus negócios.

## Portfolio Management
### Gerenciamento de Portfólio

Processo baseado em uma análise de portfólio por meio do qual a unidade de uma empresa toma decisões sobre o seu *mix* de produtos e serviços, os recursos humanos necessários e como o orçamento de *marketing* deve ser alocado. No contexto da gestão de marcas é a prática do gerenciamento de todas as marcas do portfólio de um proprietário.

## Positioning  Posicionamento

A posição diferenciadora que uma marca adota em seu ambiente competitivo para assegurar que indivíduos em seu mercado-alvo possam diferenciar a marca de outras. O posicionamento envolve a manipulação cuidadosa de cada elemento do *mix* de *marketing*. O posicionamento define quem a marca procura influenciar, quais serão as bases dessas influências e por que os mercados-alvo devem acreditar na mensagem.

## Positioning Statement
### Afirmação de Posicionamento

A afirmação de posicionamento é a articulação da estratégia de posicionamento. Pode ser um conjunto de palavras ou imagens inspiradoras, persuasivas ou poderosas que criam um entendimento comum e alinham crenças e ações. Ela se torna uma plataforma para todas as comunicações da marca.

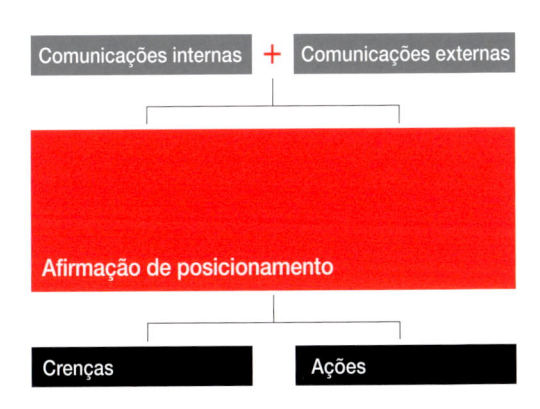

### Power Branding  Marcas de Força

Uma estratégia na qual cada produto de uma empresa tem o seu próprio nome de marca que funciona de forma independente, sem o apoio da marca corporativa ou de outras marcas da empresa. É uma estratégia intensiva de recursos uma vez que cada marca tem que ser promovida comercialmente e legalmente protegida. A estratégia é usada principalmente pelos fabricantes de produtos de consumo. Os detergentes da Lever e da Procter & Gamble são bons exemplos de *power brands*.

### Preference  Preferência

Um objetivo básico das campanhas de propaganda e promoção é a preferência, estabelecendo que uma marca é mais desejável do que sua concorrente. A preferência de marca é necessária para um consumidor comprar um produto (da mesma forma que a fidelidade de marca é necessária para repetir as compras).

### Premium

Na gestão de marcas, refere-se ao diferencial a mais de preço que o proprietário de marca obtém. Uma marca forte pode ter um valor maior em dinheiro tendo como base as percepções de sua qualidade, singularidade e outras associações.

### Prescreen  Busca Prévia

A busca prévia ajuda a economizar tempo e dinheiro na avaliação e no registro de nomes, identificando os que são claramente indisponíveis para uso. Os nomes são verificados na busca de marcas idênticas e similares (incluindo amostras exatas, quase idênticas e com variações fonéticas) que possam causar confusão nas classes de marcas registradas para mercadorias e serviços pertinentes. São levadas em conta considerações-chave: se uma marca em particular é descritiva ou não, ou se a marca está num campo "superlotado". Os resultados da busca prévia podem determinar se um nome é ou não um candidato para o nível seguinte da busca – a pesquisa totalmente legal.

### Primary and Secondary Colors  Cores Primárias e Secundárias

As cores primárias de uma marca referem-se às cores com que a marca corporativa sempre vai aparecer, por exemplo, o vermelho e amarelo de McDonald's. As cores secundárias são escolhidas para completar as primárias e dão variedade e profundidade para uma identidade visual.

### Private Label Brands  Marcas Próprias

Marcas próprias de produtos (ou serviços) são usualmente fornecidos por uma empresa e vendidos com o nome de outra empresa. Na maioria dos casos são alternativas de custo mais baixo para marcas regionais, nacionais ou internacionais. Uma vez que a gestão de marcas próprias geralmente é realizada muito mais pelos varejistas, atacadistas ou distribuidores, elas são chamadas, às vezes, de *store brand* (marca de loja). Nos anos mais recentes, grandes organizações de varejo e atacado como Kmart, Sears e Kroger começaram a anunciar amplamente suas marcas próprias e as têm vendido nacional e internacionalmente.

### Product  Produto

Um produto é uma combinação de características funcionais, psicológicas e de satisfação de necessidades que um vendedor oferece para um comprador. Essas características podem incluir mercadorias, serviços, idéias, locais e organizações. Um produto é físico e tangível, enquanto um serviço não é.

**Um Fato da Marca:**

De acordo com a Economist Intelligence Unit, 67% de 145 executivos disseram que suas empresas revisaram ou atualizaram suas marcas e 25% deles contrataram uma consultoria de marcas.

**Notas:**

### Product Differentiation
#### Diferenciação de Produto

Estratégia que usa inovações de design na embalagem, propaganda e posicionamento para estabelecer uma distinção clara entre produtos que servem o mesmo segmento de mercado. Basicamente é o desenvolvimento de diferenças de produtos que sejam únicas com o objetivo de influenciar a demanda. As diferenças, no entanto, às vezes podem ser muito pequenas, como simples mudança na embalagem ou novo tema de propaganda.

### Product Life Cycle
#### Ciclo de Vida do Produto

O ciclo de vida de um produto é um conceito que mostra a similaridade entre o tempo de vida de um produto com o tempo de vida humano. Sugere que os produtos atravessem quatro estágios desde o nascimento até a morte: introdutório (o lento crescimento das vendas que segue o lançamento de um novo produto); crescimento (crescimento rápido das vendas à medida que o produto é aceito), maturidade (o nivelamento das vendas quando um produto foi aceito pela maioria dos potenciais compradores); e declínio (o enfraquecimento das vendas à medida que um produto é substituído ou entra em desfavor). Esta idéia é usada para formular estratégias de *marketing* para cada um dos quatro estágios, porém as opiniões diferem sobre se os produtos passam por esse ciclo de maneira previsível ou não.

### Product/Market Expansion Matrix
#### Matriz de Expansão Produto/Mercado

Esta formulação idealizada por Igor Ansoff, uma figura líder em gerenciamento estratégico, afirma que os negócios deveriam focalizar o seu pensamento estratégico em três elementos-chave: definir os seus objetivos; determinar se eles deveriam ser diversificados para crescer e, se for assim, em que áreas; e como eles deveriam alavancar sua posição atual. Elogiada por sua simplicidade, essa matriz é também criticada pela suposição de que oportunidades para crescimento sempre existem.

### Product Placement
#### Colocação de Produto

Forma de propaganda e promoção na qual os personagens em uma peça de teatro, filme, série de televisão, *videogame* ou de um livro usam um produto comercial real. Nos últimos anos a colocação de produtos tornou-se um grande negócio para os produtores que têm o prazer de receber ganhos extras para fazer seu herói dirigir uma determinada marca de carro ou beber um refrigerante específico. No Brasil, esta prática é denominada *merchandising*.

### Product Proliferation
#### Proliferação de Produtos

Uma reclamação às vezes geral contra as empresas que colocam no mercado tantos produtos novos que terminam desperdiçando expressivos recursos econômicos. O consumidor fica confuso e começam a ocorrer enganos na compra de produtos (pense em quantas opções de creme dental estão disponíveis atualmente – branqueadores ou não, antisépticos bucais ou não, controle de tártaro ou não, etc.).

### Proof Points   Pontos de Prova

Áreas em que o consumidor está exposto e/ou interage com a marca. Às vezes chamados de "momento da verdade", são oportunidades para alcançar fidelidade ou para desentusiasmar o comprador. A Procter & Gamble fala de seus dois momentos da verdade – quando um consumidor compra um produto e quando o utiliza.

### Promiscuity   Promiscuidade

Quando os consumidores demonstram ausência de fidelidade para uma marca e mudam para outra concorrente. Também chamado de *brand switching*, essa troca de marca é o oposto à fidelidade de marca. Sendo muitas vezes resultado de situações que se passam com as mercadorias, a promiscuidade mostra ao proprietário da marca que a proposição única de valor virtualmente não existe.

> "O modelo que temos para nossos negócios não depende de produtos espetaculares – depende da força de nossas marcas."
>
> Bob Eckert, Mattel (fabricante da boneca Barbie)

### Promise  Promessa
A promessa de uma marca declara a natureza do relacionamento recíproco entre a marca e seu público. Comunica os benefícios e dá evidência ao estilo de vida que um consumidor espera e, como em qualquer contrato, define o que cada parte pode esperar da outra. Uma marca não deve exagerar a promessa porque a credibilidade poderá ser questionada o que certamente resultará na frustração do consumidor.

### Promotion  Promoção
Promoção é qualquer técnica de persuasão que comunica para compradores potenciais informações favoráveis sobre o produto através de um amplo espectro de mídia de comunicação, incluindo propaganda, venda pessoal, promoção de vendas, relações públicas, etc.

### Prototype  Protótipo
O primeiro e mais importante passo no desenvolvimento de novos produtos. É um primeiro modelo prático (no caso de um novo serviço, é um plano detalhado). Em ambos os casos, é feito um protótipo especificamente para testes porque, para todos os objetivos e propostas, ele é o próprio produto em aparência, características e funcionamento.

### Psychographic Segmentation  Segmentação Psicográfica
Uma divisão do mercado em segmentos individuais tendo como base uma análise psicográfica – técnica que investiga como as pessoas vivem, que interesses elas têm, quais são os seus gostos e rejeições. É também chamado de *análise de estilo de vida* ou AIO porque está baseado em várias afirmações sobre as **a**tividades, **i**nteresses e **o**piniões de uma pessoa.

### Public Relations  Relações Públicas
Em uma descrição simples, relações públicas é uma atividade dirigida para fazer o relacionamento entre quaquer espécie de organização e seu público. Estabelece a comunicação com setores escolhidos do público para influenciar seus sentimentos, opiniões ou convicções a respeito de uma pessoa, produto, empresa ou idéia. As relações públicas, ou RP, são atuadas tanto por um departamento interno da empresa ou em conjunção com uma empresa especializada – uma organização de RP que desenvolve e implementa programas para gerenciar a publicidade, a imagem e as percepções públicas.

### Publicity  Publicidade
A informação que tem o valor de notícia sobre uma pessoa, grupo, empresa, evento ou produto distribuída através da mídia de comunicação com a intenção de atrair a atenção do público. É uma forma de promoção que torna alguma coisa conhecida, espalha a informação e atrai apoio. Diferente da propaganda por anúncios, uma vez que a informação tem em certa medida o valor de notícia, é publicada gratuitamente (obviamente custos existem se houver uma agência ou consultor sob contrato para exercer esta função).

### Pure Competition  Concorrência Pura
Situação de *marketing* na qual um grande número de produtos concorrentes não podem ser diferenciados um dos outros. Uma vez que nenhuma das marcas tem características únicas para influenciar significativamente nos preços, as portas estão abertas para outros concorrentes que vão tentar abocanhar uma fatia do mercado.

### Pyramid  Pirâmide
A pirâmide de marcas foi desenvolvida pelo autor e professor Leslie de Chernatony e compreende atributos, benefícios, recompensas emocionais, valores e traços de personalidade. Tem como objetivo combinar o comportamento do consumidor com a marca de forma a instigar e manter a fidelidade. Às vezes a pirâmide é comparada com a hierarquia de Maslow sobre as necessidades, porém no contexto da gestão de marcas e na tomada de decisões sobre marcas.

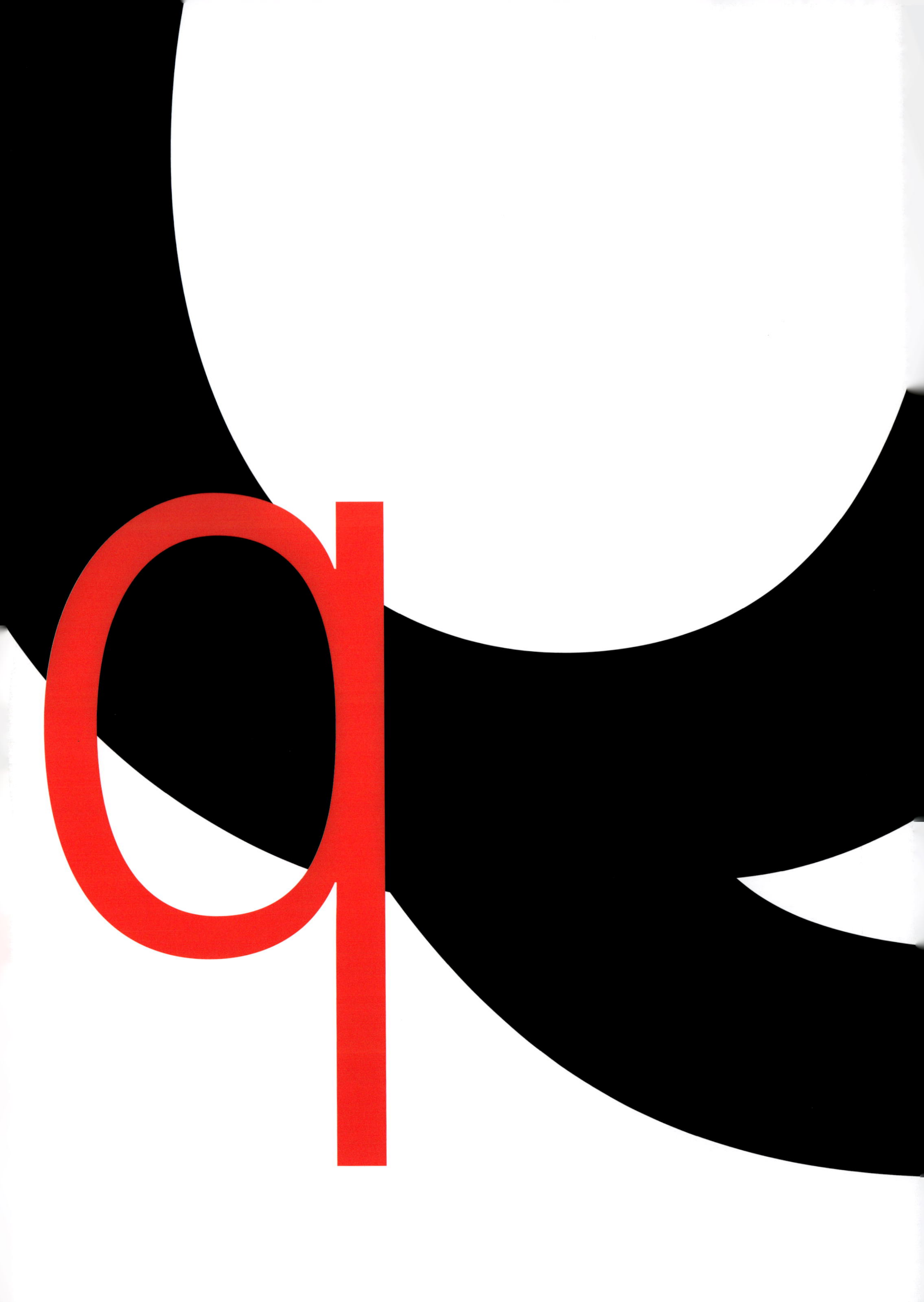
q

Rr

### Qualitative Research
### Pesquisa Qualitativa

A pesquisa qualitativa está focalizada em dados subjetivos que não são facilmente traduzidos em números. Trata-se de um método de coletar informações sobre as preferências, convicções e emoções dos consumidores, que são obtidas através da interação e discussão em grupos. A pesquisa qualitativa investiga percepções, opiniões, imagens de marca, personalidade de marca e testes de anúncios e busca *insights* de situações de *marketing* que não requerem precisão estatística.

### Quantitative Research
### Pesquisa Quantitativa

A pesquisa quantitativa é baseada em dados objetivos que são coletados, podem submeter-se a análise estatística e podem ser expressados numericamente. É uma pesquisa do consumidor, um levantamento que é conduzido com uma amostragem grande o bastante para produzir informação estatisticamente confiável, muitas vezes usada para projetar resultados. É usada para determinar graus de desempenho, a importância de diferentes necessidades do consumidor, níveis de satisfação de produtos e consumidores, probabilidade de revenda e preferências por produtos.

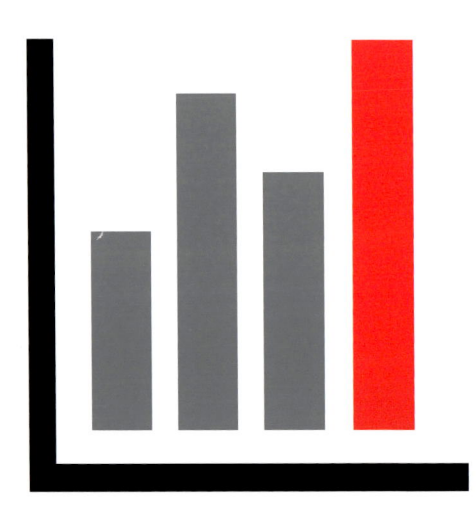

### Range Branding  Cadeia de Marcas

A extensão de uma marca isolada ao longo de muitas categorias que se relacionem entre si é chamada de uma cadeia de marcas. A Harley Davidson, por exemplo, vende motocicletas, camisetas, jaquetas de couro, xícaras de café e outros produtos. Há risco menor em estabelecer a cadeia de marcas em categorias relacionadas do que estender a marca original em categorias inteiramente novas, isto é, que não tenham relacionamentos entre si.

### Reach  Alcance

É a porcentagem de consumidores em um mercado-alvo expostos pelo menos uma vez a um determinado anúncio em um determinado período de tempo. Os comerciais de TV têm um alcance muito alto (embora os programas de TV a cabo tenham um alcance bem mais limitado, eles têm melhor foco e por isso podem ser usados com mais eficácia). Os números de alcance não têm significado sem estarem associados a um período de tempo. Por exemplo, um número válido de alcance seria "o comercial XYZ teve um dia de alcance de 1.567 por milhão em 19 de outubro de 2006".

### Rebrand  Revisão da Marca

Ocorre quando uma empresa atualiza ou revisa uma marca baseada em pressões internas ou externas. Às vezes, é necessária depois de uma fusão de empresas ou se uma marca cresceu no mercado mais depressa que a sua identidade. A revisão de uma marca pode envolver mudanças radicais no logotipo, nome, imagem, estratégia de *marketing* ou tema de propaganda de uma marca, ou as mudanças podem também ser superficiais. A revisão de marca pode ser aplicada a novos produtos, produtos já maduros ou até mesmo a produtos inacabados. A mudança em uma marca só pela própria mudança oferece grande risco. Qualquer revisão da marca deve ser tratada como uma situação de negócios e é comparada com a do agente catalizador na química.

"A essência de uma estratégia não é a estrutura dos produtos e mercados de uma empresa, mas a dinâmica do seu comportamento."

George Stalk (consultor de estratégia de *marketing*, Boston Consulting Group)

**Um Fato da Marca:**
No seu livro *Profit from the Core*, Chris Zook afirma que 47% dos lançamentos de novos produtos falham depois dos primeiros três anos no mercado.

Notas:
.................................
.................................
.................................
.................................
.................................
.................................
.................................
.................................
.................................
.................................
.................................
.................................
.................................
.................................

### Recall   Lembrança
O recall refere-se ao consumidor poder lembrar uma marca específica quando é apresentada uma categoria de produtos sem qualquer menção de marcas que estão nessa categoria. Isto é chamado também de *unaided recall* (lembrança não-induzida). Por outro lado, o *aided recall* (lembrança induzida, chamado também de reconhecimento de marca) mede o quanto a marca é lembrada quando seu nome é apresentado. Por exemplo, "Você conhece a marca Sony?". As empresas estão interessadas em altos níveis de *unaided recall* porque a primeira marca mencionada tem uma vantagem competitiva diferenciadora sobre a concorrência. Ver Top of Mind

### Recognition   Reconhecimento
Ver Brand Awareness

### Refresh   Reavivar
Ver Revitalization

### Relationship Marketing
Marketing de Relacionamento
Refere-se ao *marketing* com a expectativa de um relacionamento a longo prazo em vez de limitar-se a uma transação única. Isso desfaz a necessidade de uma transação única ter de ser lucrativa, porque o foco está na lucratividade da transação no longo prazo. Essa proposição funciona porque os profissionais de mercado podem agora segmentar seus mercados-alvo até aos indivíduos e podem compreender o valor de cada um em um relacionamento ao longo do tempo.

### Relative Market Share
Participação de Mercado Relativa
A magnitude da participação de uma empresa no mercado em relação aos seus concorrentes. Uma grande participação permite economias em maior escala no desenvolvimento, fabricação e *marketing* do produto. Também faz com que uma empresa ou marca tenha uma posição mais forte nas mentes dos consumidores, o que causa impacto positivo ao longo do processo de *marketing* e de vendas.

### Relaunch   Relançamento
Uma estratégia que tem como foco buscar novos mercados, abrir novos segmentos de mercado, novos usos de produtos e/ou meios de estimular o uso intensivo de um produto pelos consumidores existentes. Um produto relançado usualmente passa por algumas mudanças básicas de forma que possa ser promovido como "novo e melhorado".

### Relevance   Relevância
Ver página 111

### Repositioning   Reposicionamento
O reposicionamento significa mudar a posição de um produto ou serviço nas mentes dos consumidores, tanto porque o original foi um fracasso, ou devido a mudanças no mercado, ou ainda para permitir a apresentação de um novo produto. Alguns produtos potencialmente valiosos não atendem aos objetivos de vendas porque foram lançados inadequadamente ou posicionados de forma não-efetiva, no entanto quase sempre é possível acentuar o seu valor pelo reposicionamento.

### Reputation   Reputação
É uma impressão abrangente causada por uma empresa ou marca baseada em manifestações de convicções, valores e práticas.

### Response Rate
Proporção de Respostas
A porcentagem de respostas recebidas por uma campanha de *marketing* direto (especificamente pelo correio). Conhecido também como *completion rate* ou *return rate* é o número geral de pessoas que responderam ao número total de correspondência enviada, expressado como uma porcentagem. Por exemplo, se 100 consultas foram enviadas e 25 foram preenchidas e devolvidas, a proporção de respostas é de 25%.

### Retail Audit   Auditoria de Varejo
Uma auditoria de varejo é a avaliação sistemática do esforço total de varejo de uma empresa (no entanto, pode concentrar-se em um único aspecto dela). A auditoria de varejo é conduzida por uma empresa para analisar o que está sendo feito, para avaliar como está se desempenhando e para tomar decisões sobre ações futuras.

# Relevance Relevância

Relevância é a medida em que uma marca está apropriada ou "serve" para as necessidades funcionais e emocionais de seu mercado-alvo. Fundamentalmente, os consumidores é que determinam a relevância; isto é, uma marca somente é relevante se os consumidores perceberem essa relevância. A história dos negócios está cheia de marcas cujos proprietários achavam que eram relevantes mas os consumidores decidiram que não eram, como foi o caso de Edsel.

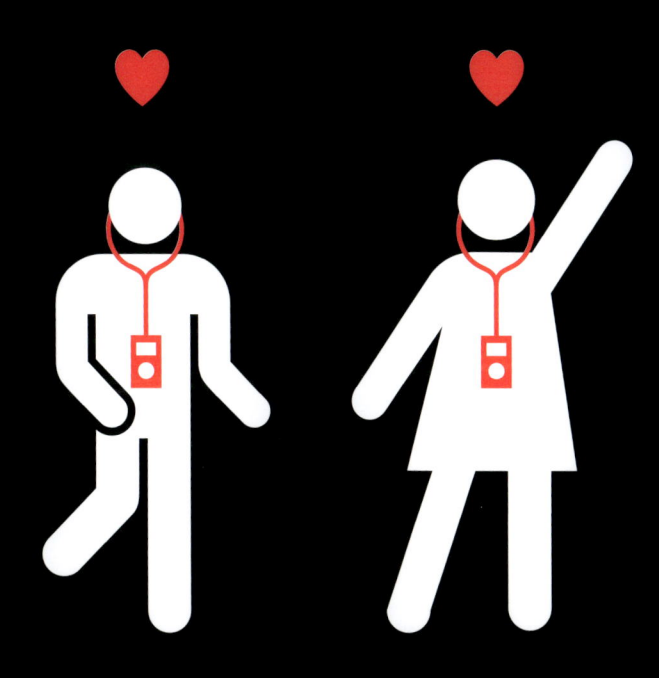

> "Há uma linha muito tênue entre o bom atendimento ao consumidor e a perseguição."
>
> Tara Lemmey (educadora e ativista pelas causas da privacidade na Internet)

### Retailing  Varejo

Varejo é a venda de produtos e serviços a consumidores para seu uso pessoal ou de sua família (nesse sentido, serviços prestados como dentistas, hotéis, salões de beleza e lojas *on-line* como amazon.com são também varejistas). Contrastando com isso, o atacado é a venda de mercadorias e serviços para revenda.

Muitos negócios, como a Home Depot, são tanto varejistas como atacadistas porque vendem também para empreiteiros dos serviços de construção. Outros, como a The Limited, são tanto varejistas como fabricantes. Indiferentemente de suas outras funções, esses negócios são considerados como varejo quando interagem com o usuário final de seu produto ou serviço.

### Retention  Retenção

Um termo que pode ser usado em dois sentidos no mundo dos negócios: a porcentagem de consumidores que retornam a negociar de forma regular com uma empresa ou marca e, em um sentido similar ao *recall*, a capacidade de um consumidor em lembrar uma marca específica.

### Return on (Brand) Investment  Retorno sobre o Investimento (da Marca)

Método que as empresas utilizam para calcular o valor financeiro de uma marca comparado com o total de dinheiro que está sendo empregado nela. A lucratividade de uma marca, ou a sua falta de lucratividade, é expressada como uma porcentagem. Além disso, essa análise proporciona informações que podem servir de base para decisões importantes nos investimentos futuros na marca.

### Revitalization  Revitalização

Revitalizar é energizar uma marca que já foi popular e que perdeu o seu apelo devido a mudanças no ambiente de *marketing*, estratégias dos concorrentes, comportamento do consumidor, etc. Este processo pode ser tomado tanto pela empresa que originalmente lançou a marca como por outra empresa diferente que a adquiriu. A reembalagem e o reposicionamento geralmente são passos necessários quando se quer atingir o sucesso e por vezes são estratégias de custo menor do que criar uma nova marca. A revitalização de uma marca pode proporcionar significativa vantagem a uma empresa em um mercado que já está maduro.

### Role of Brand  Papel da Marca

Um aspecto da metodologia de avaliação de marca instituído pela Interbrand, é o conhecimento da proporção de lucros intangíveis que podem ser atribuídos à marca em cada segmento de mercado. É calculado primeiro pela identificação dos vários condutores de demanda que a marca possui, depois pela determinação do grau em que cada condutor é influenciado diretamente pela marca.

### Rollout  Rolagem

Similar ao lançamento *soft*, o *rollout* de uma marca emprega uma tabela de tempo com medidas passo-a-passo para comunicar-se com um público depois de outro, às vezes em segmentos geográficos ou demográficos diferentes.

Notas:

## Um Fato da Marca:

A Economist Intelligence Unit revelou que 81% dos altos executivos acreditam que sua marca corporativa é crítica, muito importante ou importante como um ativo da empresa; 79% disseram que as marcas de seus produtos são críticas, muito importantes ou importantes.

"Todas as grandes coisas são simples e muitas podem ser expressadas com uma só palavra: Liberdade. Justiça. Honra. Dever. Compaixão. Esperança."

Winston Churchill

Ss

**Um Fato da Marca:**

As vendas da cerveja Red Stripe aumentaram em 50% depois que Tom Cruise apareceu bebendo a cerveja no filme *The Firm*, de acordo com Datamonitor.

Notas:
................................................................
................................................................
................................................................
................................................................
................................................................
................................................................
................................................................
................................................................
................................................................
................................................................
................................................................
................................................................
................................................................

## Sales  Vendas

A confirmação de uma troca comercial. As vendas podem ser feitas pessoalmente ou pelo telefone, por *e-mail* ou via correio. O processo de venda geralmentre inclui: atender a necessidades do consumidor; apresentar produtos com características e benefícios voltados para essas necessidades; e a negociação em preço, entrega e outras considerações. A função primária das vendas profissionais é transformar possíveis compradores em compradores reais, gerando e fechando condutas, instruindo os possíveis compradores e satisfazendo necessidades. No varejo, *sale* ou liquidação, refere-se a produtos oferecidos por menos do que o preço original para aumentar o tráfego na loja e atrair novos compradores.

## Salience  Saliência

A saliência é definida tanto como a consciência de uma marca *top-of-mind* (a mais lembrada) como a proeminência abrangente de uma marca baseada em várias medidas de desempenho. A saliência explica por que certas marcas tem melhor desempenho do que outras, mesmo que as diferenças tangíveis entre elas sejam menores.

## Sampling  Amostragem

A amostragem é baseada na idéia de que um pequeno número de pessoas escolhidas ao acaso em um perfil de público-alvo tende a possuir as mesmas características, na mesma proporção, que a da população total desse público. Depois de ser determinada uma amostra (o que geralmente é feito por uma empresa de pesquisa) é distribuido um questionário projetado para apurar entre os selecionados quaisquer assuntos que o levantamento está investigando.

## Segment  Segmento

Segmento é um grupo de compradores dentro de um mercado que tem desejos e necessidades relativamente similares.

## Segmentation  Segmentação

É a estratégia de *marketing* na qual mercados grandes e heterogêneos são seccionados em segmentos menores e mais homogêneos a fim de que sejam desenvolvidos para cada um deles programas individuais de *marketing*.

## Segment-Target-Position Strategy  Estratégia de Segmento-Alvo-Posição

A segmentação significa dividir o mercado em grupos distintos de compradores (segmentos) que têm o mesmo comportamento ou necessidades similares. Cada um desses segmentos pode ser considerado como alvo para estratégias de *marketing* específicas tais como:

- *Expansão*: um produto tem como alvo vários segmentos, expandindo assim o seu mercado.
- *Concentrado*: uma empresa tem como alvo um produto para um segmento.
- *Linha de produtos*: novos produtos da mesma categoria são apresentados no segmento, dando aos consumidores maior escolha e às empresas proteção contra a concorrência.
- *Diferenciados*: uma empresa opera em vários ou todos os segmentos ao mesmo tempo e dirige produtos diferentes para cada um deles.

## Self-Image  Auto-Imagem

Quando os consumidores adquirem certas marcas fundamentalmente para fazerem uma afirmação sobre quem elas pensam que são e como elas vêem o seu lugar na sociedade. Ver Luxury Brands.

## Service Brand/Marketing  Marca/Marketing de Serviços

O setor de serviços no mundo dos negócios lida com produtos intangíveis de *marketing* e de vendas em vez de mercadorias físicas. Salões de manicure, agências de viagens, companhias de seguros, advogados, etc., estão no setor de serviços e o que eles vendem requer a gestão de marcas e de *marketing* da mesma forma que os produtos tangíveis.

## Seven P's  Os Sete Ps

Somando-se aos famosos e reconhecidos Quatro Ps (produto, preço, promoção, praça), um recente debate incluiu mais três variáveis conhecidas como *mix de marketing estendido*. São elas:

- *Pessoa*: qualquer pessoa que representa a marca e interage com os impactos que a experiência de marca causa nos compradores. Como resultado, essas pessoas devem ser bem treinadas nos atributos e valores da marca, estar bem motivadas para apoiar e fazer a marca evoluir e para serem embaixadores e representantes da marca.

# 70/30 Rule  Regra 70/30

Aplicada mais para contextualizar do que fornecer dados precisos, a regra 70/30 diz respeito ao peso relativo dado aos elementos que devem se manter absolutamente consistentes no gerenciamento de uma marca contra a flexibilidade concedida por seus gerentes. A consistência é o princípio-chave da gestão de marcas, porém deve ser permitido a uma marca o ajuste especial aos mercados locais; a capitalização em novas direções estratégicas; e a evolução para manter um gume afiado e competitivo. Daí, 70% de consistência e 30 % de flexibilidade.

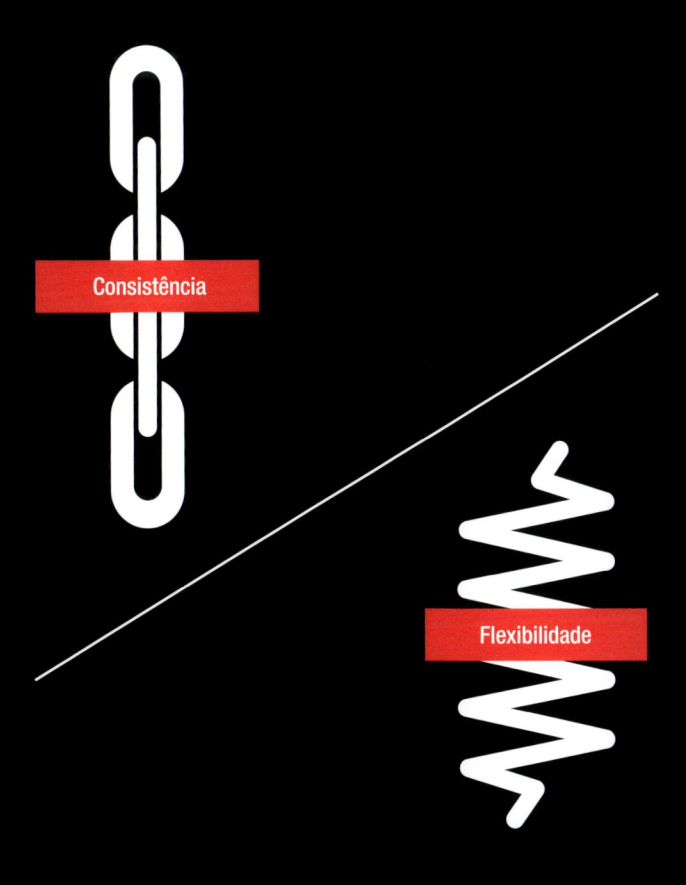

- *Processo*: são as situações detalhadas em que um comprador entra em contato com a marca e que são críticas para a fidelidade à marca.
- *Presença física*: a evidência física existe no que diz respeito aos produtos tangíveis porém no caso dos serviços a experiência fatual com a marca não acontece realmente até que o serviço seja prestado. Os compradores em potencial podem sentir um risco maior quando têm que decidir se vão usar ou não um serviço. Para diminuir esse risco potencial, deve ser permitido aos compradores que testem o serviço, ou eles podem receber uma amostra livre de riscos para ajudar na decisão.

### 70/30 Rule  Regra 70/30

Ver página 117

### Share of Mind  Nível de Conhecimento

Ainda que o *share of mind*, ou nível de conhecimento, seja a relativa intensidade de atenção que uma marca domina em seu público-alvo, é um conceito mais complicado do que, por exemplo, a atenção que as pessoas prestam para Pepsi *versus* Coca. O nível de conhecimento envolve tudo o que os compradores estão pensando, e qual a parte disso que é devotada a uma determinada empresa, produto ou serviço.

### Share of Voice (SOV)
Nível de Exposição

É a participação da marca em toda a mídia aferida em uma categoria pré-definida. Por exemplo, se o total de propaganda turística no país é de US$ 100 bilhões e uma determinada empresa gasta US$ 10 bilhões, ela terá 10% de SOV.

### Share of Wallet
Participação na Carteira

A porcentagem de quanto os consumidores gastam no total *versus* quanto eles gastam em uma marca específica. Por exemplo, se alguém gasta uma média de US$ 500 por mês em todos os seus cartões de crédito e gasta US$ 250 por mês em seu cartão Visa, o Visa teria uma partipação de 50%.

### Shelf Impact  Impacto de Prateleira

O impacto de prateleira é a capacidade de uma marca, em virtude de seu design, de se manter destacada da concorrência nas prateleiras das lojas. Com mais de 25.000 produtos em um supermercado médio, fica bem clara a importância do impacto de prateleira.

### Sonic Branding  Identidade Sonora

É o uso de uma peça musical específica ou um som especial para identificar e anunciar um produto, serviço ou empresa. Com as necessárias repetições, a identidade sonora é muito poderosa e as empresas estão começando a usá-la em todo o lugar onde compradores concorrentes ou futuros podem estar ouvindo – rádio e televisão, comunicações baseadas na Web ou até mesmo em campainhas personalizadas de telefones celulares. A Brand Acoustics da Interbrand tem como prática integrar marcas sonoras em programas abrangentes de gestão de marcas, uma vez que isto reflete um outro ponto de contato importante para a conscientização e diferenciação de marcas.

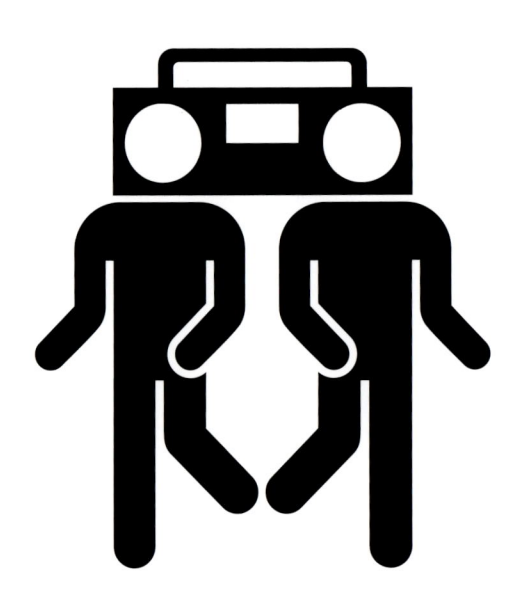

### Sponsorship  Patrocínio

Patrocínio é quando uma empresa subsidia um evento oferecendo fundos para um grupo, associação, entidade esportiva, etc., em troca de uma série de oportunidades promocionais. O patrocínio é um procedimento de propaganda *below-the-line* (sob a linha, ou BTL), propaganda veiculada por outros meios além das cinco mídias maiores (imprensa, televisão, rádio, cinema e *outdoor*). Além do patrocínio, a propaganda BTL utiliza a mala-direta, *merchandising*, shows, exposições, publicações e catálogos de vendas, etc.

**Um Fato da Marca:**
Um levantamento realizado em 2004 com 370 profissionais de *marketing* revelou que 70% dos departamentos de *marketing* passaram por uma reorganização nos três anos anteriores, segundo a Booz Allen Hamilton.

Notas:

### Standalone or Freestanding Brands
### Marcas Isoladas ou Livres

Esses são nomes de marcas e identidades usadas para produtos ou serviços únicos que não se relacionam com outros produtos ou serviços no portfólio de uma empresa. Eles têm seu apoio e gerenciamento de forma independente e levam seus próprios logotipos, cores e padrões de identidade. Mais ainda, em alguns casos, podem ter até mesmo sua própria arquitetura de submarcas, marcas de produtos e marcas de serviços.

### Strategic Planning
### Planejamento Estratégico

É o processo que determina os objetivos de uma empresa, cursos de ação, alocação de recursos cujo resultado seja o razoavelmente esperado. Ao chamar esse planejamento de estratégico, espera-se que ele opere em larga escala e tenha a abrangência do "quadro por inteiro" (em contraposição ao plano tático, que é mais focalizado em atividades individuais). Uma análise SWOT (Strenght, Weaknesses, Opportunities, Threats – forças, fraquezas, oportunidades, ameaças) pode ser parte do planejamento estratégico à medida que avalie uma empresa em termos de suas vantagens e desvantagens frente aos concorrentes, aos requisitos de seus compradores e às condições de mercado e condições econômicas.

### Stretch  Elasticidade

Refere-se à capacidade de uma marca de espalhar-se dentro de sua própria categoria e para categorias adjacentes ou até mesmo distanciadas. As extensões de marca que se espalham dentro da mesma categoria (cremes dentais, por exemplo) são dominantes. Assim também são as marcas que se movem para categorias adjacentes, como os produtos de limpeza. Menos comuns são as marcas que se espalham por múltiplas categorias, entre essas está a Virgin (um conglomerado de marcas, produtos e serviços extremamente diversificado), que demonstra que pode-se alcançar o sucesso através de uma grande variedade.

### Style Guides  Manuais de Estilo

Os manuais de estilo ou manuais de normatização da identidade visual, geralmente apresentam os padrões de comunicação de uma marca em termos de cores, fontes tipográficas e seus tamanhos, design gráfico, linguagens (às vezes sonoras) e assim por diante. O manual assegura que a marca sempre apresentará consistência visual onde ela for vista ou aplicada.

### Sub-brand  Submarca

Marca que é construída em associação com uma marca-mestra (marca-mãe). Mesmo que tenha nome e identidade visual próprios, é projetada para alavancar a história e o valor da marca-mestra e espalha-se para uma nova categoria, benefício ou objetivo.

### Substitutes  Produtos Substitutos

Produtos que os consumidores vêem como alternativas para outros produtos. A motivação do consumidor para experimentar um substituto pode ser conduzida por critérios de custo, saúde ou meio ambiente, como também por tendências sociais. Como exemplos, açúcar *versus* adoçantes artificiais, óculos *versus* lentes de contato, recipientes de plástico *versus* vidro, aspirina *versus* outros tipos de analgésicos. Os substitutos têm um efeito óbvio na fidelidade de marca e tornam-se reais ameaças quando produtos de empresas que estão em outros ramos entram em um mercado.

### Switching Costs  Custos de Mudanças

Refere-se aos custos ocultos que um consumidor enfrenta quando muda de um produto para outro. Podem ocorrer custos não-monetários tais como os psicológicos ou sociais, custos de pesquisa e de aprendizado, ou simplesmente o esforço dispendido para informar os amigos e parentes sobre um novo número de telefone. Os custos podem também ser monetários, como taxas de desistência, equipamentos, instalação, ligação, etc. Os custos das mudanças afetam a concorrência. Os consumidores nem sempre vão mudar para um novo fornecedor de menor preço se a totalidade dos custos de mudança ultrapassarem o diferencial do preço. Se isto acontece, diz-se que um consumidor está *locked-in*, amarrado a um fornecedor. E se uma empresa controla esse *lock-in*, pode aumentar os preços até um certo ponto sem medo de perder consumidores porque os efeitos da mudança os mantêm onde estão.

### Symbol  Símbolo

Ver Logo

# "A solução para enfrentar a mudança e o desafio é aumentar a criatividade."

Gene DeWitt (consultor de estratégia de mídia)

it

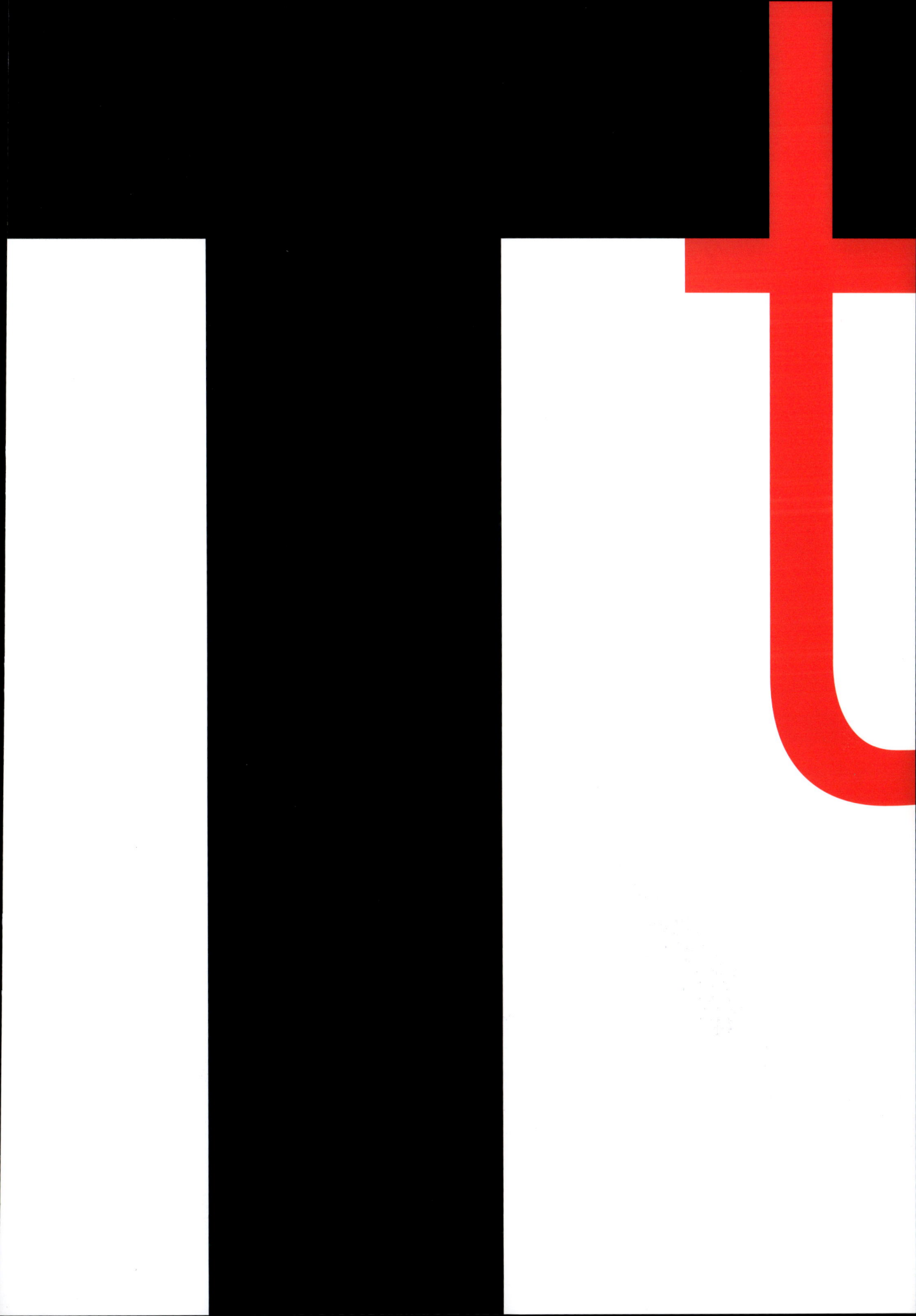

# Tagline/Slogan
Uma frase curta, distintiva e facilmente reconhecível que acompanha uma marca, leva o que ela promete e, com poucas palavras fáceis de memorizar, capta o tema do anúncio ou comercial onde ela aparece. Os *taglines* e *slogans* ficam na memória, como o "Não saia de casa sem ele" do cartão de crédito American Express.

> "O segredo da criatividade é saber como esconder as suas fontes."
> Albert Einstein

### Tagline/Slogan
Ver página 122

### Tangible Assets  Ativos Tangíveis
Os ativos tangíveis são definidos como tendo substância física, como terra, edifícios, inventário, equipamento de computação, dinheiro vivo e até mesmo contas a receber (há quem afirme que contas a receber não têm existência física). Alguns ativos tangíveis como máquinas são depreciados ao longo de sua vida útil, com desgastes e estragos na produção mas nem todos os ativos tangíveis podem ser depreciados – a terra, por exemplo. Os ativos tangíveis tradicionalmente têm dominado os balanços. Recentemente, os ativos intangíveis tornaram-se mais importantes nos balanços devido às mudanças nos requisitos das ciências contábeis por todo o mundo.
Ver Intangible Assets

### Target Audience  Público-Alvo
Um determinado público ou grupo demográfico para o qual é levado ao mercado um produto ou serviço. Às vezes, é definido por idade, gênero e critérios socioeconômicos, mas os públicos-alvo podem ser internos ou externos, geográficos ou fiéis/infiéis, etc.

### Target Marketing  Mercado-Alvo
O *marketing* para um grupo específico de consumidores (segmentos) que têm características similares, comportamento ou necessidades. Identificados esses segmentos, uma empresa desenvolve uma estratégia de alvo que posiciona seu produto ou serviço com apelo máximo a esse grupo. A estratégia de mercado-alvo inclui o número de segmentos a atingir, quais atingir, quantos produtos oferecer e quais produtos oferecer a quais segmentos.

### Thought Leadership
Liderança de Pensamento
Marca que influencia um mercado baseada em idéias originais e inovativas, mesmo que ela não tenha uma posição de liderança em seu posicionamento de mercado (Apple Computers, por exemplo).

### Tone of Voice  Tom de Voz
A personalidade ou atitude de uma marca transmitida por meio de sua comunicação verbal é chamada de tom de voz. Outra maneira de diferenciar as marcas como o design ou o som, o tom de voz deve refletir as características únicas da marca e ajudar a definir sua personalidade por meio das comunicações escritas e orais.

## Um Fato da Marca:

A Association of National Advertisers (Associação Nacional de Anunciantes) e a Booz Allen Hamilton descobriram que 66% dos profissionais de *marketing* acreditam que sua maior necessidade é entender melhor os consumidores e aprender a realizar análises do retorno sobre o investimento (ROI).

> "Quando estiver no caminho que leva à verdadeira inovação, você vai se encontrar em uma área desconfortável e desconhecida."
>
> Cris Goldsmith

### Top of Mind

Este termo é geralmente uma referência à consciência de marca. Por exemplo, se num levantamento de mercado é pedido a uma consumidora o nome da primeira marca que vem à sua mente e ela diz "Interbrand", pode-se dizer que Interbrand tem consciência de *top of mind*. O *top of mind* é chamado também de *unaided recall* (lembrança não-induzida) e as empresas têm interesse nisso porque a primeira marca lembrada ou mencionada tem uma distinta vantagem competitiva perante a concorrência.

### Touch Points  Pontos de Contato

Todo o lugar onde as pessoas deparam com uma marca é chamado de "ponto de contato". Pontos de contato podem ser o uso do produto, propaganda, embalagem, *displays* internos de lojas, conversação casual, etc. A gestão de marcas é uma experiência holística e os donos das marcas devem antecipar todas as interações possíveis que um consumidor pode ter com uma marca.

### Trade Names  Razões Sociais

São os nomes das corporações comerciais sob os quais uma empresa opera (PepsiCo e Miller Brewing Co. são exemplos). Razões sociais podem também funcionar como marcas registradas. Ver Trademark

### Trademark  Marca registrada

Marca registrada é um símbolo formalmente registrado e diferenciador; é qualquer nome, palavra, frase, logotipo, design, imagem (ou uma combinação de duas ou mais) usados nos negócios para diferenciar da concorrência os seus produtos e serviços. A marca registrada é uma propriedade e deve ser registrada em órgãos globais, nacionais e regionais. Isto garante a proteção legal para uso exclusivo de seu dono.

### Trademark Infringement  Infração no Uso de Marca

É o uso não-autorizado de uma marca registrada por alguém que não seja o seu dono ou o uso de um símbolo similar que cause confusão. A infração do uso de marca usualmente é aplicável quando produtos ou serviços são idênticos ou similares àqueles que estão cobertos pelo registro. Quando os produtos ou serviços não são idênticos, a infração geralmente será julgada considerando-se se existe ou não "semelhança de confusão" que possa fazer os consumidores acreditarem que os produtos ou serviços foram originados pelo proprietário da marca.

### Trendsetter  Lançador de Moda

Alguém ou algo que rompe um modelo ou rotina tradicional e com isso lança uma tendência, ganhando seguidores. Um exemplo de *trendsetting* no design é o iMac, uma vez que equipamentos para escritórios passaram a adotar as cores e as embalagens transparentes dos computadores iMac.

Uu

> "O poder do capital intelectual é a capacidade de cultivar idéias que criem valor."
>
> Título do Relatório Annual de 2001 do JPMorgan Chase

### Umbrella Brand  Marca Guarda-Chuva

Uma marca guarda-chuva é uma marca-mestra (marca-mãe) que aparece em vários produtos que podem ter identidades próprias. Uma marca guarda-chuva poderosa pode ajudar um novo produto a gerar lucros devido às associações de qualidades e benefícios. As marcas individuais, por outro lado, requerem campanhas de propaganda caras e custos maiores na construção de marca.

### Unique Selling Proposition (USP)
Proposição Única de Venda

A proposição única de venda é um dos elementos fundamentais da propaganda e do *marketing*. Refere-se a uma qualidade, característica ou benefício que são oferecidos de forma exclusiva por um produto ou serviço que é importante para os consumidores e não está disponível na concorrência.

### URL or Uniform Resource Locator
Endereço URL

Na Internet, é o endereço de uma página na World Wide Web (www). Um URL inclui um prefixo de protocolo (http://, ftp://), um nome de domínio (interbrand.com, brandchannel.com, bookman.com) e possivelmente um atalho e um nome de arquivo. O atalho e o nome de arquivo direcionam os visitantes para além da *home page* normal de um *website*. Em http://www.interbrand.com, http:// refere-se à Internet, Interbrand é o nome da empresa e o .com mostra que é uma companhia. Uma URL é única, não pode haver duas iguais.

### User Segmentation
Segmentação de Usuários

O processo de agrupar os consumidores em segmentos de mercado baseados no que eles desejam de um produto. Por exemplo, o mercado de cremes dentais pode incluir um segmento que procura benefícios cosméticos como dentes claros e brancos e outro que procura benefícios de saúde, como prevenção das cáries.

### Value Driver  Condutor de Valor

Geralmente definido como qualquer variável que tenha impacto no vigor e valor de uma empresa. No contexto da gestão de marcas, refere-se aos componentes tangíveis e intangíveis de uma marca que representam diferenciação e relevância aos públicos-alvo.

### Value Proposition  Proposição de Valor

A proposição de valor (de uma marca) é uma afirmação curta, clara e simples que contém as principais razões para a escolha de uma marca sobre outra. Inclui qual é o mercado-alvo para um determinado produto, que benefícios-chave serão proporcionados e quanto isso vai custar. Proporciona as razões (tangíveis e intangíveis) para escolher uma marca em relação a outra.

Notas:

### Um Fato da Marca:
A revista *CMO* relatou que 58% dos altos executivos de *marketing* pesquisados concordam que a função do *marketing* está mudando e que seu desafio primordial é definir o lugar deles na organização.

Notas:

### Verbal Identity  Identidade Verbal
A forma como um marca comunica em palavras seu nome, sua propaganda e *slogans*, sua comunicação de *marketing*, o texto de seu *website* e as descrições nas suas embalagens.

### Viral Marketing  Marketing Viral
O *marketing* viral é a propagação da mensagem de uma marca, de pessoa para pessoa, via boca a boca. Estimula as pessoas a passarem adiante mensagens de *marketing* para amigos, colegas e/ou para a família, criando assim um crescimento exponencial no andamento e alcance da mensagem. É apelidado de "viral" porque a exposição à mensagem lembra a passagem de um vírus de uma pessoa para outra. As técnicas típicas incluem mensagens por *e-mail*, anedotas, endereços da *Web*, clipes de filmes engraçados e *games* que são levados adiante eletronicamente pelos receptores.

### Visibility  Visibilidade
Um dos resultados desejados pelo investimento na marca é obter maior visibilidade e consciência. É o primeiro passo na comunicação com o público para que a marca seja conhecida e que haja uma experiência pessoal de seus benefícios tangíveis e intangíveis. A visibilidade é muitas vezes confinada à propaganda tradicional porém agora passa a ter um significado mais amplo porque as marcas que estão usando a visibilidade por meio de influenciadores de categorias, tais como personalidades e personagens da televisão e do cinema.

### Visual Identity  Identidade Visual
A propagação da marca de uma empresa em todos os meios possíveis com cada elemento da marca contribuindo para um estilo visual distintivo. Isto inclui onde e como são utilizados o logotipo, cores, fontes tipográficas e seus tamanhos, bem como as imagens visuais. A finalidade da identidade visual de uma empresa é destacá-la de sua concorrência e, para que seja efetiva e memorável, ela tem que ser consistente em toda a mídia utilizada. Ver Brand Guidelines

### Visual Language Concepts  Conceitos da Linguagem Visual
Uma série de estratégias visuais alternativas usadas em uma marca para articular os elementos diferentes mas relacionados entre si. Cada conceito refletirá o posicionamento da marca e criará uma história usando elementos visuais em vez de palavras.

# Um Fato da Marca:

O estudo da IDC CMO Advisory descobriu que os três principais determinantes da mensuração do *marketing* pelo CEO são:

1. Instrumentos de medida consistentes para ROI (retorno sobre o investimento) de *marketing*.
2. Aferição da consciência e reputação da marca.
3. Mensuração consistente da geração de líderes.

Ww

> "O progresso está baseado no desejo universal e inato de todo o organismo de viver além daquilo que ganha."
>
> Samuel Butler (escritor e poeta inglês)

### Wear Out  Ponto de Saturação
O ponto em que uma campanha de comunicação perde efetividade devido a uma exagerada repetição ou aos desejos e necessidades de um público não estarem mais sendo atendidos pelo que é prometido na comunicação.

### Word of Mouth  Boca a Boca
Ver Buzz

### Wordmark  Logotipo
A maneira especial e única como um nome é escrito e pode ser registrado como uma propriedade. Refere-se também a um logotipo. Tipicamente, incorpora uma ou mais características, como o design personalizado de uma fonte tipográfica, um símbolo ou um arranjo gráfico.

Notas:

### Website
Um *website* é uma coleção de páginas interligadas na Internet usadas para proporcionar informação sobre uma empresa, organização, causa ou pessoa. Os *websites* podem ser puramente informativos, podem servir para funções de *marketing* e propaganda e/ou podem ser um ponto-de-vendas interativo. Sendo outro ponto de contato na experiência da marca, o *website* é uma oportunidade para comunicar tudo o que faz uma marca ser única.

## Um Fato da Marca:

O estudo da Spencer Stuart publicado anualmente mostra que a permanência média de um alto executivo de *marketing* no cargo é somente de 23,2 meses (em 2006), menor, portanto, do que os 23,6 meses encontrados em 2004 e os 23,5 meses, em 2005.

Xy

YZ

# (Brand) Yeld Rendimento (de Marca)
Um processo de propriedade, derivado das metodologias de Brand Valuations e Brand Equity Insights da Interbrand, que proporciona a modelagem de um portfólio otimizado de atividades de gestão de marcas dentro de orçamento, indústria e ambiente competitivo determinados.

# Bibliografia

## Internet

Amos WEB GLOSS-Arama
http://www.amosweb.com/cgi-bin/awb_nav.pl?s=gls&c=ind&a=a
(13 de fevereiro, 2006)

Bloomberg Financial Glossary
http://www.bloomberg.com/analysis/glossary/bfglosa.htm
(19 de fevereiro, 2006)

Brand Careers – Glossary
http://www.brandchannel.com/education_glossary.asp
(5 de fevereiro, 2006)

Brand Glossary
http://www.venturerepublic.com/resources/brand_glossary.asp
(2 de fevereiro, 2006)

Campbell R. Harvey, Hypertextual Finance Glossary
http://www.duke.edu/~charvey/Classes/wpg/glossary.htm
(23 de fevereiro, 2006)

Chartered Institute of Marketing, The, Marketing Glossary
http://www.cim.co.uk/cim/ser/html/infQuiGlo.cfm?letter=A
(4 de fevereiro, 2006)

CMO Lingo Lab Marketing Glossary
http://www.cmomagazine.com/glossary/
(6 de fevereiro, 2006)

Dictionary of Marketing Terms http://www.marketingpower.com/mg-dictionary.php?
(2 de fevereiro, 2006)

Glossary
http://users.wbs.warwick.ac.uk/dibb_simkin/student/glossary/index.html
(6 de fevereiro, 2005)

Glossary
http://www.allaboutbranding.com/index.lasso?page=11,54,0
(7 de fevereiro, 2006)

Glossary of Design Terms
http://edweb.sdsu.edu/courses/ET650_online/MAPPS/Glossary.html
(12 de fevereiro, 2006)

Glossary of Interactive Advertising Terms
http://www.adglossary.com/
(23 de fevereiro, 2006)

Glossary of Marketing Definitions
http://www.ifla.org/VII/s34/pubs/glossary.htm
(7 de fevereiro, 2006)

Glossary of Marketing Terms
http://www.marketing.org.au/glossary_of_marketing_terms.aspx
(8 de março, 2006)

Hackers, Hits and Chats: An E-Commerce and Marketing Dictionary of Terms
http://www.udel.edu/alex/dictionary.html
(5 de fevereiro, 2006)

Market Research Terms and Methodologies
http://www.asiamarketresearch.com/glossary/
(5 de fevereiro, 2006)

Marketing Dictionary, The
http://www.buseco.monash.edu.au/depts/mkt/dictionary/
(3 de fevereiro, 2006)

Marketing Glossary
http://www.onpoint-marketing.com/marketing-glossary.htm
(9 de fevereiro, 2006)

Marketing Terms and Definitions
http://marketing.about.com/cs/glossaryofterms/l/blglossary.htm
(8 de fevereiro, 2006)

Money 101 Glossary
http://money.cnn.com/services/glossary/a.html
(15 de fevereiro, 2006)

New York Times Glossary of Financial and Business Terms
http://www.nytimes.com/library/financial/glossary/bfglosa.htm?oref=slogin
(3 de fevereiro, 2006)

Online (Retail) Glossary
http://www.prenhall.com/rm_student/html/glossary/a_gloss.html
(22 de fevereiro, 2006)

Product Development and Management Association. Glossary for New Product Development
http://www.pdma.org/library/glossary.html
(5 de fevereiro, 2006)

"Uma boa tática pode salvar a pior estratégia. Uma tática ruim destruirá até a melhor estratégia."

General George S. Patton, Jr.

Quirk's Glossary
http://www.quirks.com/resources/glossary.asp
(5 de fevereiro, 2006)

Scarcliff/Salvador Inc., Lexicon of Naming and Branding
http://www.scarcliff.com/naming_and_branding_lexicon.html#A
(4 de fevereiro, 2006)

Texas Advertising, the University of Texas at Austin
http://advertising.utexas.edu/research/terms/

Trautmann, Carl O., Dictionary of Small Business
http://www.small-business-dictionary.org/default.asp?action=A&term=showCart
(5 de fevereiro, 2005)

## Livros

Baker, Michael John, ed. *Macmillan Dictionary of Marketing and Advertising*. London and New York: Palgrave Macmillan, 1998.

Bannock, Graham. *Dictionary of Business*. Princeton, NJ: Bloomberg Press, 2003.

Bennett, Peter D. *Dictionary of Marketing Terms*. Lincolnwood, Ill: NTC Business Books, 1995.

Carruth, Donald L. and Steven Austin Stovall. *NTC's American Business Terms Directory*. Lincolnwood, Ill: National Textbook Company, 1994.

Clemente, Mark M. *The Marketing Glossary*. New York: American Management Association, 1992.

Folsom, Davis W. *Understanding American Business Jargon*. Westport, Connecticut: Greenwood Press, 1997.

Friedman, Jack P. *Dictionary of Business Terms*. Hauppauge, NY: Barron's Educational Series, 2000.

Godin, Seth. *Permission Marketing: Turning Strangers into Friends and Friends into Customers*. New York: Simon & Schuster, 1999.

Govoni, Norman A. *Dictionary of Marketing Communications*. Thousand Oaks, CA: Sage Publications, 2004.

Hart, Norman A. *The CIM Marketing Dictionary*. London: Butterworth-Heinemann, 1996.

Imber, Jane and Betsey-Ann Toffler. *Dictionary of Marketing Terms*. Hauppauge, NY: Barron's Educational Series, 2000.

Isaacs, Alan and Elizabeth Martin. *The Oxford Dictionary for the Business World*. New York: Oxford University Press, 1993.

Koschnick, Wolfgang. *Dictionary of Marketing*. Brookfield, VT: Gower, 1995.

Lewis, Barbara R. and Dale Littler, eds. *The Blackwell Encyclopedia Dictionary of Marketing*. Cambridge, MA: Blackwell Publishers, 1997.

Mercer, David Steuart. *Marketing: the Encyclopedia Dictionary*. Malden, MA: Blackwell Publishers, 1999.

Neumeier, Marty, ed. *The Dictionary of Brand*. New York: AIGA, 2004.

Pallister, John and Alan Isaacs, *A Dictionary of Business*. New York: Oxford University Press, 2004.

Rosenberg, Jerry Martin. *Dictionary of Marketing and Advertising*. New York: J. Wiley, 1995.

Statt, David A. *The Routledge Dictionary of Business Management*. New York: Routledge, 2004.

Sutherland, Jonathan and Diane Canwell. *Key Concepts in Marketing*. London and New York: Palgrave Macmillan, 2004.

Tarcy, Brian. *The Business Words You Should Know*. Holbrook, MA: Adams Media Corp, 1997.

*The Ultimate Business Dictionary; Defining the World of Work*. Cambridge, MA: Perseus Publications, 2003.

Wendel, Charles B. *Business Buzzwords: Everything You Need to Know to Speak the Lingo of the 90's*. New York: Amacon, 1995.

Wilbur, Cross. *Prentice Hall Encyclopedia of Business Terms*. Englewood Cliffs, NJ: Prentice Hall, 2005.

Yadin, Daniel L. *The International Dictionary of Marketing*. London: Kogan Page, 2002.

Zook, Chris. *Profit from the Core*. Boston, MA: Harvard Business School Press, 2001.

## Um Fato da Marca:

A revista *SelfServiceWorld* descobriu que 55% dos consumidores americanos *on-line* pesquisaram um produto *on-line* e depois compraram o mesmo produto fora da Internet. Isso equivale a mais de 40 milhões de consumidores – um aumento de 8% em relação a 2004.

Obra originalmente publicada sob o título
*The Brand Glossary*

ISBN 978-1-4039-9809-5

© Interbrand 2007

Originalmente publicado em língua inglesa pela Palgrave Macmillan, uma divisão da Macmillan Publishers Limited, sob o título *INTERBRAND: The Brand Glossary, edited by Jeff Swystun*. Esta edição foi traduzida e publicada sob licença da Palgrave Macmillan. O autor garantiu seu direito de ser identificado como autor desta obra.

Capa: *Gustavo Demarchi*

Leitura final: *Renato Merker*

Supervisão editorial: *Arysinha Jacques Affonso*

Editoração eletrônica: *Techbooks*

---

| | |
|---|---|
| G563 | Glossário de marcas : inglês - portugês / Interbrand ; tradução Joaquim da Fonseca. – Porto Alegre : Bookman, 2008. |
| | 144 p. : il, ; 28 cm. |
| | ISBN 978-85-7780-138-1 |
| | 1. Marca. I. Título. |
| | CDU 659.126 |

Catalogação na publicação: Juliana Lagôas Coelho – CRB 10/1798

---

Reservados todos os direitos de publicação, em língua portuguesa, à
ARTMED® EDITORA S.A.
(BOOKMAN® COMPANHIA EDITORA é uma divisão da ARTMED® EDITORA S.A.)
Av. Jerônimo de Ornelas, 670 – Santana
90040-340 – Porto Alegre – RS
Fone: (51) 3027-7000   Fax: (51) 3027-7070

É proibida a duplicação ou reprodução deste volume, no todo ou em parte, sob quaisquer formas ou por quaisquer meios (eletrônico, mecânico, gravação, fotocópia, distribuição na Web e outros), sem permissão expressa da Editora.

SÃO PAULO
Av. Angélica, 1.091 – Higienópolis
01227-100 – São Paulo – SP
Fone: (11) 3665-1100   Fax: (11) 3667-1333

SAC 0800 703-3444

IMPRESSO NO BRASIL
*PRINTED IN BRAZIL*